经世济民
诚信服务
德法兼修

U0921196

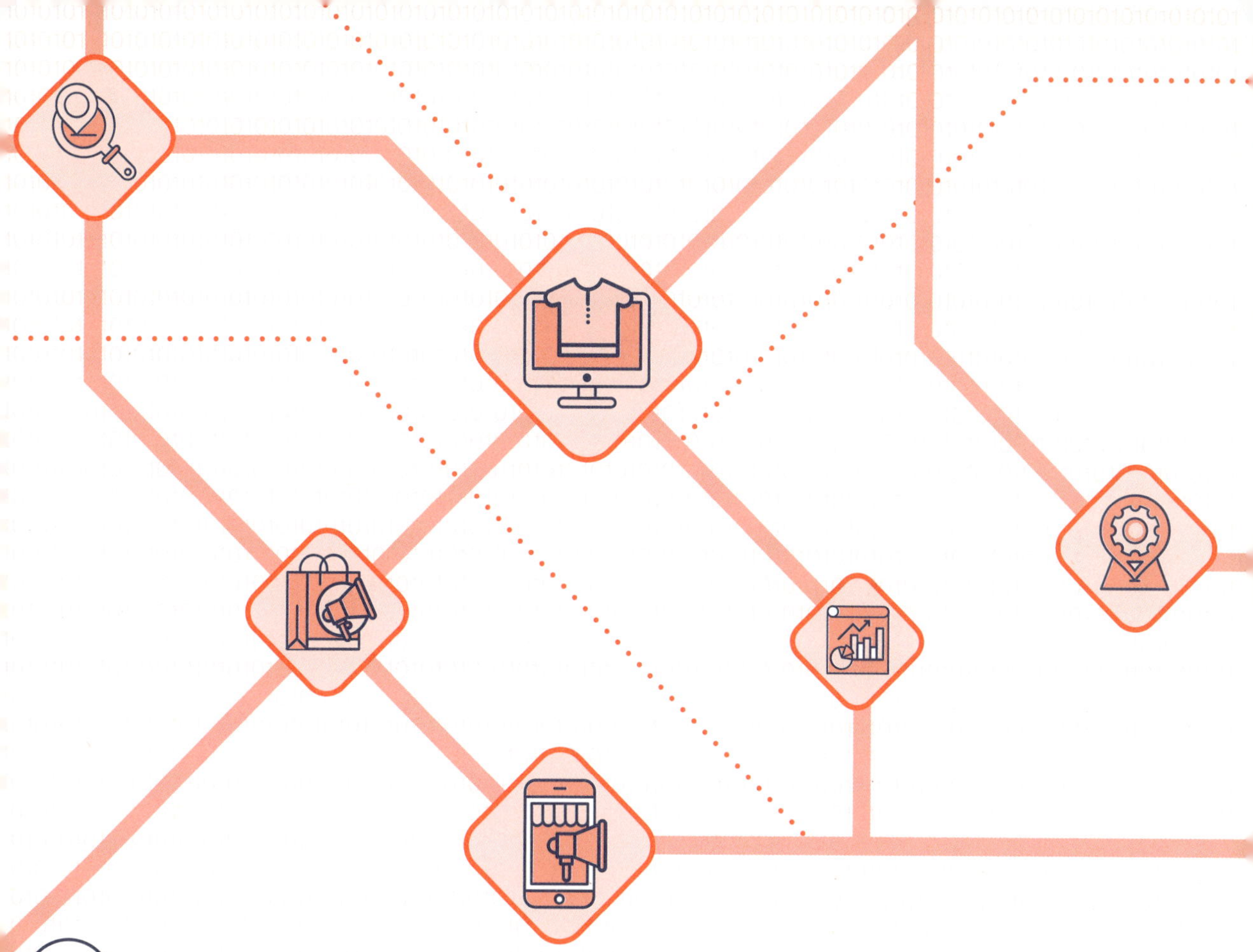

"十四五"职业教育国家规划教材

- 数字商贸"岗课赛证"融通新形态一体化教材
- 网店运营推广 1+X 证书制度系列教材
- **职业本科教育**电子商务类专业新目录 · 新专标配套教材

网店运营实训（第二版）

◆ 主编 北京鸿科经纬科技有限公司

中国教育出版传媒集团
高等教育出版社 · 北京

内容提要

本书是“十四五”职业教育国家规划教材、数字商贸“岗课赛证”融通新形态一体化教材、网店运营推广1+X证书制度系列教材之一，也是职业本科教育电子商务类专业新目录·新专标配套教材。本书针对《网店运营推广职业技能等级标准》（高级）设计内容，是《网店运营》（第二版）的配套实训教材。

本书共分为网店规划与开设、商品运营、流量获取、营销转化、订单管理与财务处理、网店运营分析六个工作领域。本书采用“表单即工单”的活页形式，将学习者的技能提升与任务学习紧密结合，体现“做中学、学中做”的思想，具有较强的实用性。

本书既可作为高等职业教育本科、专科院校电子商务、跨境电子商务、网络营销与直播电商、移动商务、市场营销、连锁经营管理等相关专业的教材，又可作为获取网店运营推广职业技能等级证书的培训教材，还可供电子商务相关从业者和社会人士阅读参考使用。

本书配有在线开放课程，还设有微课等数字化教学资源，精选了其中的优质资源，以二维码形式嵌入书中，供学习者即扫即看。授课教师如需获取相关教学资料，请登录“高等教育出版社产品信息检索系统”（xuanshu.hep.com.cn）免费下载。

图书在版编目（CIP）数据

网店运营实训 / 北京鸿科经纬科技有限公司主编. 2版. -- 北京 : 高等教育出版社，2024.12. -- ISBN 978-7-04-063178-4

Ⅰ. F713.365.2

中国国家版本馆CIP数据核字第2024XA3630号

网店运营实训（第二版）
WANGDIAN YUNYING SHIXUN

策划编辑	王　沛	责任编辑	王　沛	封面设计	赵　阳	版式设计	明　艳
责任绘图	李沛蓉	责任校对	陈　杨	责任印制	耿　轩		

出版发行	高等教育出版社	网　址	http://www.hep.edu.cn
社　址	北京市西城区德外大街4号		http://www.hep.com.cn
邮政编码	100120	网上订购	http://www.hepmall.com.cn
印　刷	小森印刷（北京）有限公司		http://www.hepmall.com
开　本	787mm×1092mm　1/16		http://www.hepmall.cn
印　张	10	版　次	2020年7月第1版
字　数	210千字		2024年12月第2版
购书热线	010-58581118	印　次	2024年12月第1次印刷
咨询电话	400-810-0598	定　价	53.80元

本书如有缺页、倒页、脱页等质量问题，请到所购图书销售部门联系调换
版权所有　侵权必究
物 料 号　63178-00

第二版前言

随着大数据、云计算、人工智能等新技术的迅猛发展与广泛应用，电子商务行业正经历前所未有的深刻变革。这些新兴技术不仅极大提升了电子商务的运营效率和用户体验，还为企业提供了广阔的商业机遇，有力推动了数字经济与新质生产力的蓬勃发展。

《中共中央关于进一步全面深化改革　推进中国式现代化的决定》提出:“加快构建促进数字发展体制机制，完善促进数字产业化和产业数字化政策体系。”在此背景下，电子商务行业对人才的需求发生了显著变化，凸显了新质生产力对人才结构的新要求。传统的单一技能型人才已难以满足行业发展的变化，具备跨领域知识、创新思维及实践能力的复合型技能人才已成为企业的热门需求。企业不仅要求员工具备扎实的电子商务专业知识，还期望他们能够熟练运用新技术，有效解决实际问题，推动企业数字化转型与创新发展，以更好地适应数字经济时代的发展需求，为新质生产力的提升和数字经济的繁荣贡献力量。因此，培养适应数字经济时代电子商务行业发展需求的高素质技术技能人才，已成为相关专业职业教育的核心使命。

面对电子商务行业的快速发展、人才需求的深刻变化，以及数字经济与新质生产力的崛起，党的二十大报告为职业教育的发展指明了方向，明确提出要“深化教育领域综合改革，加强教材建设和管理，完善学校管理和教育评价体系”。这一重要论述不仅强调了教育改革的重要性，也为职业教育的教材编写提出了新的要求。党的二十届三中全会进一步提出:“加快建设高质量教育体系，统筹推进育人方式、办学模式、管理体制、保障机制改革。”这既为职业教育的改革发展提供了更为具体的指导，也为教材编写工作指明了方向。

为了贯彻落实《国家职业教育改革实施方案》，积极推动“学历证书＋若干职业技能等级证书”制度（1＋X证书制度），北京鸿科经纬科技有限公司依据当前相关行业发展的实际情况，结合《网店运营推广职业技能等级标准》（高级）（以下简称《标准》），联合行业、企业、院校，组织有关专家共同对本书进行了修订，旨在为广大职业院校学生提供系统、科学、实用的学习资料，帮助他们更好地适应市场需求，提升职业技能，为未来的职业生涯奠定坚实的基础。

本书特色主要体现在以下几个方面:

1. 创新教材形式，打造新型活页式教材

本书打破了传统教材的固定框架，打造职业教育新型活页式教材，赋予学生根据个人学习兴趣和实际需求灵活拆分与重组实训内容的自主权。同时，通过精心策划的实训环节和循序渐进的实践操作设计，本书将理论知识与实际操作紧密结合，实现了学习效率与效果的双重提升。

2. 职业技能等级标准和专业教学标准双覆盖，深度体现职业教育类型特色

本书遵循职业技能等级标准，通过“任务目标—任务背景—任务分析—任务操作—任务思考”的系统框架，并结合专业教学标准，将典型工作任务有机引入学习过程。同时，结合最新的行业发展动态和企业实际需求，依据产教融合的最新成果，对教材内容进行了全面调整与优化，确保教材内容与实际工作需求高度契合，形成从标准到课堂的实训教材体系和内容。

3. 与理论教材配套开发，体现“岗课赛证”融通育人特色

本书针对网店运营推广的岗位需求，在开发理论教材的基础上，结合高等职业院校技能大赛和专业技能等级证书要求，配套开发实训教材，实现了岗位、课程、大赛、证书的“四融通”，有效促进了理论知识向实践能力转化，为培养高素质、复合型网店运营推广人才提供了坚实支撑。

4. 建设类型丰富的数字化教学资源，并保持资源的与时俱进

本书紧密结合 1+X 证书制度的发展态势与专业教学标准，配备了丰富多样的数字化教学资源，涵盖动画、视频及实训平台等多种形式，确保资源的时效性与前瞻性，并充分展现行业特色，为学习者带来更加便捷的学习体验。

本书由北京鸿科经纬科技有限公司编写，并得到了山东商务职业学院、安徽商贸职业技术学院等众多院校和高等教育出版社的精心指导和大力支持。在此，我们对各位专家、老师的辛勤工作表示衷心感谢！

由于网店运营涉及的内容具有较强的时效性，加之编写时间及编者水平有限，书中难免存在不足之处，恳请广大读者批评指正，以使本书日臻完善。

编　者

2024 年 11 月

目　录

网店运营实训背景介绍

致一商贸有限公司是一家综合性的传统商贸类企业，因公司发展需要，公司成立了线上事业部，开展电子商务商品营销工作，计划先在国内知名电商平台上搭建第三方零售网店（C店），待经验成熟后，再进一步发展品牌网店（B店）。公司任命晓东为即将开设的网店的负责人，由其根据需要组建自己的团队，负责新网店的运营，公司将根据运营绩效对其进行考核，聘任考核期限为 4 个运营周期（虚拟单位）。

公司为新网店的开设投入启动资金为 500 万元（本书中所有涉及数量、金额等数字均为虚拟），新网店可以根据实际运营需求进行融资，公司目前信誉良好，可以进行短期借款和长期借款。

公司线上事业部在筹备期间，对本公司主要经营的商品进行了市场调研，为晓东提供了市场预测分析报告和平台数据魔方资料。市场预测分析报告分析了未来 4 个经营周期内，公司主营商品的市场需求量和价格趋势；平台数据魔方分析了目前 15 个城市中四类主要消费人群的市场需求情况和市场平均价格，并收集了平台上相关品类主流关键词的展现量、转化量、点击量、点击率、转化率、点击花费、平均点击单价、搜索相关性等重要数据。另外，通过市场调研获知，在该平台上目前有另外 9 家同类型的网店，晓东需要带领团队通过分析市场以及分析数据制定运营方案，在未来连续 4 个运营周期内，通过与另外 9 家网店的竞争，逐渐实现网店利润最大化，提高股东所有者权益，获得较高的公司考核绩效得分，并为自己争取连任。

工作领域一 网店规划与开设

思维导图

网店规划与开设

- 网店规划
  - 市场分析
  - 网店定位
  - 销售目标制定
  - 资金预算
- 网店开设
  - 办公场所设立
  - 人员招聘
  - 选址建仓
  - 网店开设与装修
- 市场数据分析方法
- 网店定位方法
- 网店运营策略选择原则

注：思维导图中的斧头图标代表本工作领域的具体任务，图书图标代表本工作领域对应的知识点。

任务一　网店规划

任务目标

- 能够收集市场的相关数据，分析出市场的需求趋势、人群特征及竞争对手的基本情况。
- 能够根据市场数据分析结果，确定网店的经营类目，制定运营策略。
- 能够根据网店定位制定销售目标。
- 能够根据销售目标进行资金预算。

任务背景

网店的管理者要具有网店规划的能力。网店规划不是简单的工作，而是网店运营的行动纲领。如何把网店运营的目标与网店规划有机融合，并且将网店规划落地实施，是晓东必须思考的问题。

任务分析

要做好网店规划，首先，需要了解市场的现状，对市场的需求、市场中的人群及市场中的竞争对手进行分析；其次，要进行网店定位，这一点主要体现在网店经营类目的选择和运营策略的选择；再次，要预估销售量、销售收入和毛利，从而制定销售目标；最后，根据销售目标进行资金预算，根据预算考虑是否进行融资。

利用数据魔方确定运营策略

任务操作

一、市场分析

（一）市场趋势分析

根据市场情况预测商品的需求量和需求价格，计算相应周期的商品销售额，填写表 1-1。

表 1-1　商品销售额

品类	商品	周期及销售额							
		1-1 销售额	1-2 销售额	2-1 销售额	2-2 销售额	3-1 销售额	3-2 销售额	4-1 销售额	4-2 销售额

续表

品类	商品	周期及销售额							
		1-1 销售额	1-2 销售额	2-1 销售额	2-2 销售额	3-1 销售额	3-2 销售额	4-1 销售额	4-2 销售额

将上述统计的每个品类信息，标注在表 1–2 至表 1–5 对应的位置。然后将同一品类在不同周期的销售额相连，并观察同一品类中不同商品在不同周期的销售额变化情况。

1. 家具类

家具类商品销售额的变化情况如表 1–2 所示。

表 1–2 家具类商品销售额变化

销售额 / 元	周期							
	1-1	1-2	2-1	2-2	3-1	3-2	4-1	4-2
15 000								
14 000								
13 000								
12 000								
11 000								
10 000								
9 000								
8 000								
7 000								
6 000								
5 000								
4 000								
3 000								
2 000								
1 000								

2. 服装类

服装类商品销售额变化情况如表 1-3 所示。

表 1-3　服装类商品销售额变化

销售额 / 元	周期							
	1-1	1-2	2-1	2-2	3-1	3-2	4-1	4-2
15 000								
14 000								
13 000								
12 000								
11 000								
10 000								
9 000								
8 000								
7 000								
6 000								
5 000								
4 000								
3 000								
2 000								
1 000								

3. 珠宝类

珠宝类商品销售额的变化情况如表 1-4 所示。

表 1-4　珠宝类商品销售额的变化情况

销售额 / 元	周期							
	1-1	1-2	2-1	2-2	3-1	3-2	4-1	4-2
15 000								
14 000								
13 000								
12 000								
11 000								
10 000								
9 000								
8 000								
7 000								

续表

销售额/元	周期							
	1-1	1-2	2-1	2-2	3-1	3-2	4-1	4-2
6 000								
5 000								
4 000								
3 000								
2 000								
1 000								

4. 家电类

家电类商品销售额的变化情况如表1-5所示。

表1-5 家电类商品销售额的变化情况

销售额/元	周期							
	1-1	1-2	2-1	2-2	3-1	3-2	4-1	4-2
15 000								
14 000								
13 000								
12 000								
11 000								
10 000								
9 000								
8 000								
7 000								
6 000								
5 000								
4 000								
3 000								
2 000								
1 000								

（二）人群分析

1. 分析各类人群需求量在品类总需求量中的占比

（1）家具类。各类人群对家具类商品的需求量如表1-6所示。

表 1-6　各类人群对家具类商品的需求量

需求量	周期							
	1-1	1-2	2-1	2-2	3-1	3-2	4-1	4-2
总需求量								
低价人群需求量								
品牌人群需求量								
综合人群需求量								
犹豫不定人群需求量								

计算各类人群对家具类商品在不同周期的需求量占比，并将其填入表 1-7 中。

表 1-7　各类人群对家具类商品的需求量占比

需求占比	周期							
	1-1	1-2	2-1	2-2	3-1	3-2	4-1	4-2
低价人群占比								
品牌人群占比								
综合人群占比								
犹豫不定人群占比								

根据各类人群对家具类商品在不同周期的需求量占比，画出本期对应的扇形图，将其填入图 1-1 的空白处。

图 1-1　各类人群对家具类商品的需求量占比

1

（2）服装类。各类人群对服装类商品的需求量如表 1–8 所示。

表 1–8　各类人群对服装类商品的需求量

需求量	周期							
	1–1	1–2	2–1	2–2	3–1	3–2	4–1	4–2
总需求量								
低价人群需求量								
品牌人群需求量								
综合人群需求量								
犹豫不定人群需求量								

计算各类人群对服装类商品在不同周期的需求量占比，并将其填入表 1–9 中。

表 1–9　各类人群对服装类商品的需求量占比

需求占比	周期							
	1–1	1–2	2–1	2–2	3–1	3–2	4–1	4–2
低价人群占比								
品牌人群占比								
综合人群占比								
犹豫不定人群占比								

根据各类人群对服装类商品在不同周期的需求量占比，画出本期对应的扇形图，并将其填入图 1–2 的空白处。

图 1–2　各类人群对服装类商品的需求量占比

（3）珠宝类。各类人群对珠宝类商品的需求量如表 1-10 所示。

表 1-10　各类人群对珠宝类商品的需求量

需求量	周期							
	1-1	1-2	2-1	2-2	3-1	3-2	4-1	4-2
总需求量								
低价人群需求量								
品牌人群需求量								
综合人群需求量								
犹豫不定人群需求量								

计算各类人群对珠宝类商品在不同周期的需求量占比，并将其填入表 1-11 中。

表 1-11　各类人群对珠宝类商品的需求量占比

需求占比	周期							
	1-1	1-2	2-1	2-2	3-1	3-2	4-1	4-2
低价人群占比								
品牌人群占比								
综合人群占比								
犹豫不定人群占比								

根据各类人群对珠宝类商品在不同周期的需求量占比，画出本期对应的扇形图，并将其填入图 1-3 的空白处。

图 1-3　各类人群对珠宝类商品的需求量占比

（4）家电类。各类人群对家电类商品的需求量如表 1–12 所示。

表 1–12　各类人群对家电类商品的需求量

需求量	周期							
	1–1	1–2	2–1	2–2	3–1	3–2	4–1	4–2
总需求量								
低价人群需求量								
品牌人群需求量								
综合人群需求量								
犹豫不定人群需求量								

计算各类人群对家电类商品在不同周期的需求量占比，并将其填入表 1–13 中。

表 1–13　各类人群对家电类商品的需求量占比

需求占比	周期							
	1–1	1–2	2–1	2–2	3–1	3–2	4–1	4–2
低价人群占比								
品牌人群占比								
综合人群占比								
犹豫不定人群占比								

根据各类人群对家电类商品在不同周期的需求量占比，画出本期对应的扇形图，并将其填入图 1–4 的空白处。

图 1–4　各类人群对家电类商品的需求量占比

2. 各类人群的成交规则分析

根据四类人群对不同品类需求量的占比以及四类人群的成交规则，分析四类人群的特点，如表 1–14 所示。

表 1-14　四类人群的成交规则

人群	成交规则
品牌人群	通过媒体影响力、商品一口价、商品评价及城市影响力，计算出品牌人群的成交指数，根据买家对物流方式、售后服务的要求确定具备成交资格的卖家，计算出每个具备成交资格的卖家的品牌人群成交百分比（即卖家在订单交易过程中获得订单的概率），系统根据品牌人群的成交百分比确定成交卖家。 品牌人群流量来源：站外媒体引流。 品牌人群成交指数 =（媒体影响力 / 市场总媒体影响力）× 60% + 商品均价 /（商品一口价 + 商品均价）× 10 % + 商品评价 / 符合要求的卖家商品评价 × 20% + 城市影响力 / 符合要求的卖家城市影响力 × 10% 品牌人群成交百分比 = 品牌人群成交指数 / 符合要求的品牌人群成交指数之和 × 100% 卖家若想具备成交资格，商品必须做站外推广，卖家商品必须为 B 店的商品，卖家企业信誉度不能为负数，必须支持买家对物流方式、售后服务的要求；每个顾客有 15% 的概率需要售后服务。 商品评价 = 所有订单商品评价之和 / 订单总数量（每张订单正常交货得 5 分，发货拒收违约得 4 分，未发货违约得 3 分）。 城市影响力：在该城市每交货一次，城市影响力加 1 分
低价人群	根据买家对物流方式、售后服务的要求，确定具备成交资格的卖家，再根据商品价格从低到高顺序决定成交的卖家，若商品价格相同，则买家继续按照以下顺序依次判断是否成交： ① 媒体影响力最高； ② 综合评价指数最高； ③ 店铺视觉值最高； ④ 店铺总媒体影响力最高； ⑤ 社会慈善捐款额最高； ⑥ 店铺总人气最高。 卖家若想具备成交资格，必须支持买家对物流方式、售后服务的要求；每个顾客有 15% 的概率需要售后服务
综合人群	通过综合评价指标、商品一口价、商品评价及城市影响力计算出综合人群成交指数，根据买家对物流方式、售后服务的要求确定具备成交资格的卖家，从而计算出每个具备成交资格的卖家的综合人群成交百分比（即卖家在订单交易过程中获得订单的概率），系统再根据综合人群成交百分比确定成交的卖家。 综合人群成交指数 =（综合评价指数 / 整个市场综合评价指数之和）× 60% + 商品均价 /（商品一口价 + 商品均价）× 10% +（商品评价 / 符合要求的卖家商品评价之和）× 20% + 城市影响力 / 符合要求的卖家城市影响力之和 × 10% 综合人群成交百分比 = 综合人群成交指数 / 符合要求的综合人群成交指数之和 × 100% 卖家若想具备成交资格，卖家企业信誉度不能为负数，必须支持买家对物流方式、售后服务的要求；每个顾客有 15% 的概率需要售后服务
犹豫不定人群	犹豫不定人群分团购、秒杀和促销三部分需求，按团购、秒杀、促销的顺序独立判断成交的卖家。 卖家成交条件： ① 组织相应团购、秒杀和促销活动； ② 促销后优惠额度最大的优先成交

分析四类人群的特点，并将其填写在表 1–15 中。

表 1–15　四类人群特点

人群	特点
品牌人群	
低价人群	
综合人群	
犹豫不定人群	

（三）竞争对手分析

对竞争对手的分析是从第 2 期开始的。请分析竞争对手情况，并将其填入表 1–16 中。

表 1–16　竞争对手分析

竞争对手	商品名称	上期销量	上期售价	成交方式

续表

竞争对手	商品名称	上期销量	上期售价	成交方式

二、网店定位

（一）商品品类选择

根据市场数据分析，选择适合的商品品类并连同选择原因填写在表 1–17 中。

表 1–17　商品品类选择

周期	商品品类	选择原因
1–1		
1–2		
2–1		
2–2		
3–1		
3–2		
4–1		
4–2		

（二）运营战略选择

根据战略模型将网店采取的运营战略及选择原因填写在表 1-18 中。

表 1-18　运营战略选择

周期	运营战略	选择原因
1-1		
1-2		
2-1		
2-2		
3-1		
3-2		
4-1		
4-2		

三、销售目标制定

根据运营目标，计算各种商品的预计销售数量、预计销售均价、预计销售收入及预计毛利，制定销售目标。将制定的销售目标填入表 1-19 中。

表 1-19　销售目标制定

<table>
<tr><th>运营周期</th><th>商品名称</th><th>预计销售数量</th><th>预计销售均价</th><th>预计销售收入</th><th>预计毛利</th></tr>
<tr><td rowspan="4">1-1</td><td></td><td></td><td></td><td></td><td></td></tr>
<tr><td></td><td></td><td></td><td></td><td></td></tr>
<tr><td></td><td></td><td></td><td></td><td></td></tr>
<tr><td></td><td></td><td></td><td></td><td></td></tr>
<tr><td>收入小计</td><td>—</td><td></td><td>—</td><td></td><td></td></tr>
<tr><td rowspan="5">1-2</td><td></td><td></td><td></td><td></td><td></td></tr>
<tr><td></td><td></td><td></td><td></td><td></td></tr>
<tr><td></td><td></td><td></td><td></td><td></td></tr>
<tr><td></td><td></td><td></td><td></td><td></td></tr>
<tr><td></td><td></td><td></td><td></td><td></td></tr>
<tr><td>收入小计</td><td>—</td><td></td><td>—</td><td></td><td></td></tr>
<tr><td rowspan="4">2-1</td><td></td><td></td><td></td><td></td><td></td></tr>
<tr><td></td><td></td><td></td><td></td><td></td></tr>
<tr><td></td><td></td><td></td><td></td><td></td></tr>
<tr><td></td><td></td><td></td><td></td><td></td></tr>
</table>

续表

运营周期	商品名称	预计销售数量	预计销售均价	预计销售收入	预计毛利
2-1					
收入小计	—		—		
2-2					
收入小计	—		—		
3-1					
收入小计	—		—		
3-2					
收入小计	—		—		
4-1					

续表

运营周期	商品名称	预计销售数量	预计销售均价	预计销售收入	预计毛利
4-1					
收入小计	—		—		
4-2					
收入小计	—		—		

四、资金预算

（一）预估成本费用

根据具体的业务，预估各项业务的成本费用，并将其填入表 1-20 中。

表 1-20　成本费用预估

业务	周期							
	1-1	1-2	2-1	2-2	3-1	3-2	4-1	4-2
商品采购								
场地租赁								
B 店筹建								
仓储								
营销推广								
物流配送								
雇佣员工								
售后服务								
合计								

（二）融资策略制定

根据目前拥有的资金及预估的成本费用制定融资策略，并将其填入表 1-21 中。

表 1-21　融资策略

运营周期	短期贷款			民间融资			长期贷款		
	本金	利息	还款期	本金	利息	还款期	本金	利息	还款期
1-1									
1-2									
2-1									
2-2									
3-1									
3-2									
4-1									
4-2									

任务思考

1. 不同的融资策略会对网店运营产生怎样的影响？

2. 网店规划会对网店运营产生哪些影响？

任务二　网店开设

任务目标

- 能够结合网店定位和网店经营风格，制订办公场所设立和人员招聘的计划。
- 能够根据市场需求特点和销售计划，确定选址建仓策略。
- 能够根据网店运营规划进行网店的开设和筹建，并选择店铺装修的类型。

任务背景

要想让网店长久地运营下去，网店开设是非常重要的一个环节。晓东作为网店的管理者，必须以长远的眼光制定合理的网店开设方案，现在摆在晓东面前的是办公场所设立、人员招聘、选址建仓、网店开设与装修这四大难题。

任务分析

在办公场所设立模块，① 不仅需要根据不同城市的城市影响力、租金差、工资差等信息选择合适的办公城市，而且要选择合适的办公场所类型。② 根据网店运营规划进行员工招聘。③ 选址建仓的任务包括租赁、改建；搬迁、退租配送中心和设配区。④ 进行店铺开设和网店装修，店铺的开设涉及 C 店和 B 店的开设，网店装修分为简装修、普通装修及精装修，每种装修的费用及获得的视觉值不同，店铺视觉值的高低主要影响网店综合评价指数的得分。

任务操作

一、办公场所设立

（一）办公地点选择

要确定目标人群和网店的经营特点。收集办公城市的基本信息，根据目标人群的成交特点（价格主导还是综合指数主导），初步选定相对合适的城市，结合工资差、租金差、城市影响力、是否支持邮寄等因素最终选定办公城市。请将办公城市基本信息填入表 1-22 中。

表 1-22　办公城市基本信息

城市	工资差	租金差	城市影响力	是否支持邮寄

1

续表

城市	工资差	租金差	城市影响力	是否支持邮寄

根据网店的经营风格和针对的不同目标人群，分析并选择办公城市，并且说明选择的原因。请填写表 1–23。

表 1–23　选择办公城市分析

目标人群	城市	城市影响力	租金差	工资差	选择原因
针对低价人群					
针对综合人群					
针对品牌人群					
针对犹豫不定人群					

注：可以从办公室开设成本、城市影响力与综合指数角度展开。

操作步骤 1：在地图上点击城市的位置，即选中该城市，然后单击“下一步”完成操作。

经营中后期可以根据网店定位和经营风格的改变，对办公场所进行搬迁操作，以达到降低费用或提高综合指数的目的。请将分析结果填入表 1–24 中。

表 1–24　搬迁办公场所分析表

原办公城市	目标办公城市	城市品牌影响力差距	租金差和工资差额	搬迁原因

操作步骤 2： 在办公场所设立页面，点击“搬迁”并确认操作，即可重新选择办公城市，如图 1–5 所示。

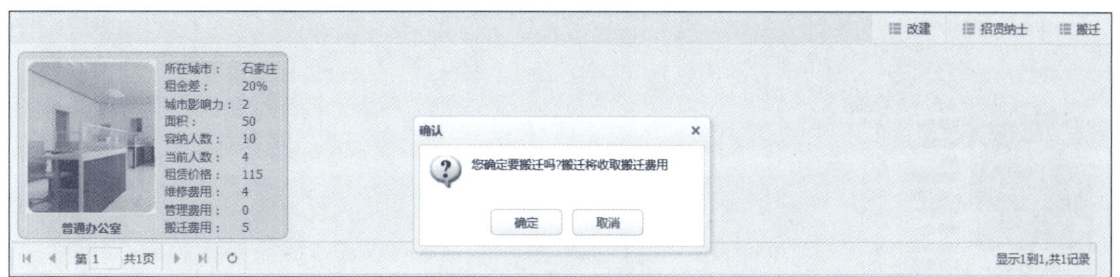

图 1–5　办公场所搬迁

（二）选择办公场所类型

1. 选择办公场所

分析办公场所面积、容纳人数、租赁价格、维修费用、管理费用、搬迁费用等信息，确定办公场所类型。

操作步骤： 选择办公场所类型，选中后单击“下一步”完成操作，如图 1–6 所示。

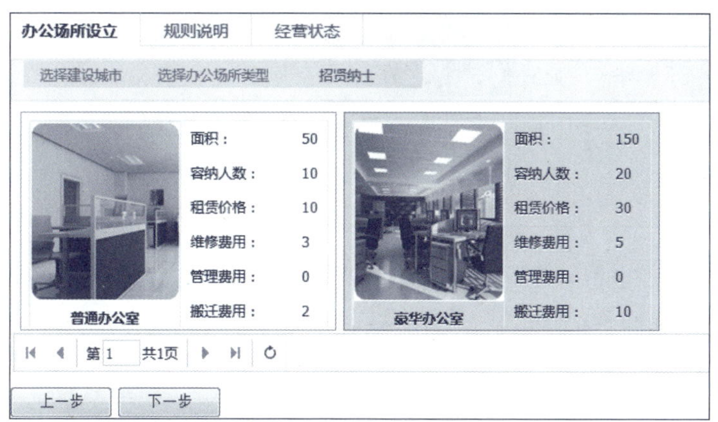

图 1–6　办公场所类型选择

2. 改建办公场所

经营中后期可以根据办公室员工的数量改建办公场所，以达到降低费用或容纳更多员工的需求。请将改建办公场所的类型原因填入表 1–25 中。

表 1–25　改建办公场所的类型原因分析表

原办公场所类型	改建后办公场所类型	容纳人数差	租赁和维修费用差	改建原因（降低成本或增加员工）

1

操作步骤 1：在办公场所设立页面选中需要改建的办公场所，单击“改建”，如图 1–7 所示。

图 1–7　办公场所类型

操作步骤 2：选中改建后的办公场所类型，单击“确定”，如图 1–8 所示。

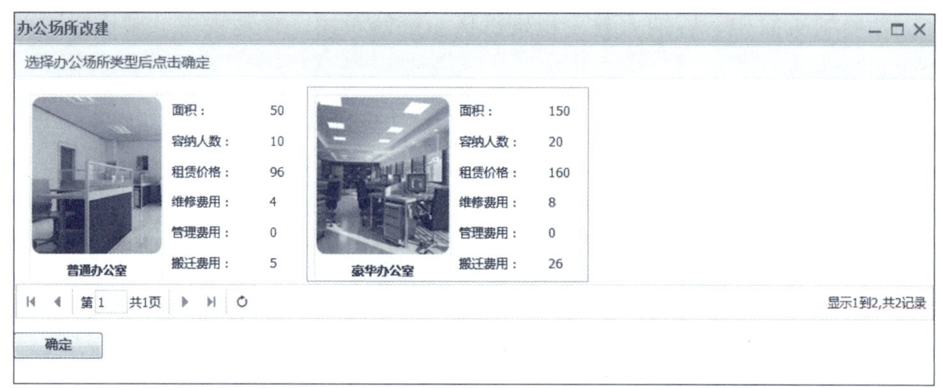

图 1–8　改建办公场所

请将办公场所费用分析结果填入表 1–26 中。

表 1–26　办公场所费用分析表

时间	办公场所类型	租金差	实际租赁价格	维修费	搬迁费	总计
总计	—	—				

二、人员招聘

分析初级经理、中级经理、高级经理三级员工的业务能力和工资情况，结合网店目标人群的成交特点，确定招聘员工的级别和数量。请将员工的业务能力、工资情况、工资增长率和每期增加经验值填入表 1-27 中。

表 1-27　员工的业务能力和工资情况

员工级别	业务能力	基本工资	工资增长率	每期增加经验值
初级经理				
中级经理				
高级经理				

根据目标人群和网店经营风格，结合办公场所容量和资金现状，分析三级员工的不同特点，合理确定招聘员工的数量、基本工资、增长后工资、每期增加经验值、总经验值和业务能力，并将其填入表 1-28 中。

表 1-28　招贤纳士分析表

目标人群	员工级别	数量	基本工资	增长后工资	每期增加经验值	总经验值	业务能力
针对低价人群	初级经理						
	中级经理						
	高级经理						
	总计						
针对综合人群	初级经理						
	中级经理						
	高级经理						
	总计						
针对品牌人群	初级经理						
	中级经理						
	高级经理						
	总计						
针对犹豫不定人群	初级经理						
	中级经理						
	高级经理						
	总计						

进行员工特点分析后，请将聘用员工的情况填入表 1-29 中。

表 1-29　聘用员工记录表

员工级别	聘用数量	应付工资汇总	业务能力	经验值
初级经理				
中级经理				
高级经理				
合计				

操作步骤：选中所要雇佣的员工姓名，单击“完成”，完成招贤纳士操作，如图 1-9 所示。

办公场所设立　规则说明　经营状态

选择建设城市　选择办公场所类型　招贤纳士

		员工姓名	职位	业务能力	工资增长率	基本工资
1	☐	翁晶敬	高级经理	10		22
2	☐	袁先	中级经理	6		15
3	☑	东方忠玉	高级经理	10		22
4	☑	宗政妮	中级经理	6		15
5	☑	单宇	高级经理	10		22
6	☑	舒菲彦	中级经理	6		15
7	☐	尉迟伟中	高级经理	10		22
8	☐	夏侯馥瑗	中级经理	6		15
9	☐	逄璐	高级经理	10		22
10	☐	花晨雨	中级经理	6		15
11	☐	雍广睿	高级经理	10		22
12	☐	湛真	中级经理	6		15
13	☐	荣容	高级经理	10		22
14	☐	庄力	中级经理	6		15
15	☐	何梅心	高级经理	10		22
16	☐	晏蓉	中级经理	6		15

查找　刷新　1　共 102 页　20

上一步　完成

图 1-9　员工招聘

三、选址建仓

（一）选址建仓

收集配送中心基本信息。分析订单的到达城市、配送中心所在城市的租金差、工资差，并通过订单的到达城市与配送中心所在城市的距离来确定配送中心选址。请将市场需求数据填入表 1-30 中，将各城市总需求量分析情况填入表 1-31 中，将确定配送所在城市选择原因填入表 1-32 中，将发货城市到目的城市的发货距离、单位数量、单位运费和单位加价情况填入表 1-33 中。

表 1-30　市场需求数据

商品名称	需求城市	需求数量

表 1-31　各城市总需求量分析

需求城市	需求量

表 1–32　配送所在城市选择原因

所在城市	选择原因

注：可根据租金差、工资差、物流费用、是否支持邮寄及到目的城市的距离等信息选择合适的城市设立配送中心。

表 1–33　发货城市到目的城市的发货距离、单位数量、单位运费和单位加价

目的城市	发货距离	单位数量	单位运费	单位加价

（二）配送中心类型

初期本着节约成本原则选定配送中心类型。请将对配送中心类型的认知情况填入表 1–34 中。

表 1–34　配送中心类型认知

配送中心类型	体积	租赁价格	维修费用	管理费用	搬迁费用

根据网店定位的目标人群需求量和所要经营品类的需求量，结合资金现状选择设立合适的配送中心，并将选择配送中心所在城市的原因分析填入表 1–35 中。

表 1-35　选择配送中心所在城市的原因分析

配送中心类型	选择原因分析

注：可以根据网店定位特点，配送中心的体积、价格及产生的各种费用分析选择配送中心类型的原因。

操作步骤：配送中心的租赁、改建、搬迁、退租和设配区等操作都是在系统窗口的“开店—配送中心设立”选项下设置的，如图 1-10 所示。

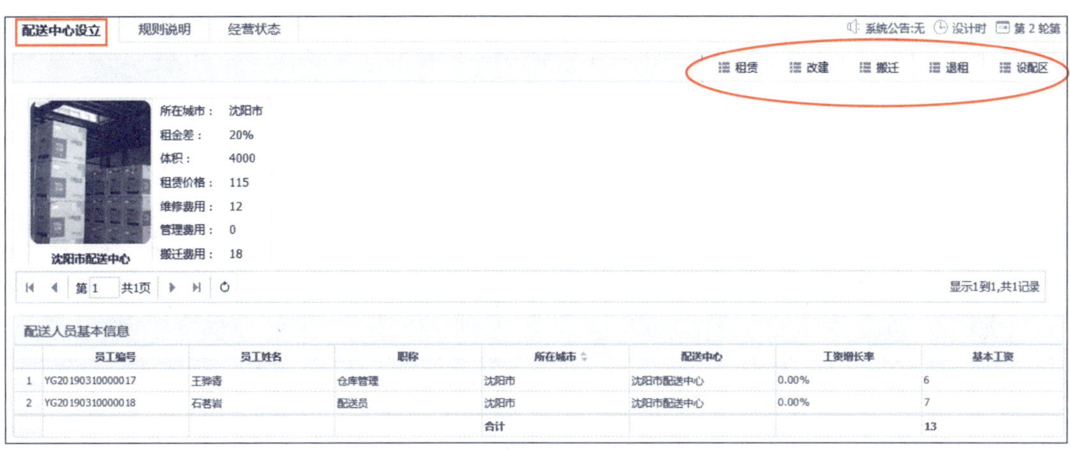

图 1-10　配送中心的相关操作

四、网店开设与装修

（一）网店开设

根据网店运营目标确定开设 C 店或者筹建 B 店，并将筹备周期、筹备费用、是否可进行站外媒体推广等基本信息填入表 1-36 中。

表 1-36　网店基本信息

网店类型	筹备周期	筹备费用	是否可进行站外媒体推广
C 店			
B 店			

操作步骤：网店开设是在系统窗口的“开店”模块下“店铺开设”选项下进行操作的。

（二）网店装修

采集网店装修的基本信息，根据各类目标人群成交的特点对网店进行适当装修。网店装修产生的视觉值是综合指数的影响因素之一，同时高视觉值的装修效果也会花费相对多的资金，并且店铺的视觉值每期都会下降 10。请将对网店装修的认知填入表 1–37 中。

表 1–37 网店装修认知

装修类型	装修费用	视觉值
简装修		
普通装修		
精装修		

针对不同的网店类型，请将网店装修分析情况填入表 1–38 中。

表 1–38 网店装修分析表

网店类型	装修类型	视觉值
C 店		
B 店		

操作步骤：网店装修是在系统窗口的“开店”模块下“网店装修”选项下进行操作的。

任务思考

1. 假设晓东把办公城市选在北京，并选择精装修办公室，请问晓东应该付多少租赁费？付多少维修费用？

____

____

____

2. 晓东把网店办公地址选在了北京，并给网店招聘了 3 名员工，这 3 名员工的级别分别是初级经理、中级经理和高级经理，请计算本期晓东共需支付办公室员工多少工资。

____

____

____

3. 网店开设初期，晓东招聘了 2 位高级经理，而竞争对手 A 则招聘了 1 位初级经理和 2 位中级经理。计算竞争对手 A 企业员工带来的综合指数（经验值 + 业务能力）什么时候能追平晓东招聘员工的综合指数？并计算截至此时，双方支付给员工的工资各是多少（假设办公场所设立在北京）。

工作领域二
商品运营

思维导图

任务一　商品选品

任务目标

- 能够收集商品的市场需求数据，确定对应商品的市场需求。
- 能够收集竞品数据，对竞品进行分析。
- 能够根据选品原则，合理使用选品分析工具，筛选并确定目标商品。

任务背景

商品是网店开设的基础，网店开设后，接下来摆在晓东面前的第一个问题是运营哪些商品。晓东需要进行新商品选择和现有商品的调整工作，这就涉及选品问题。

任务分析

选品首先需要收集的相关数据，包括商品的市场需求数据和竞争对手的商品数据。然后对收集到的数据进行商品生命周期分析、各类人群对商品的需求分析、各类人群对不同商品的购买量占比分析、不同竞争对手的市场占有率分析，以及竞争对手的现有商品体系分析。最终确定是否要选择新商品、是否对现有商品结构进行调整。

任务操作

一、商品需求分析

（一）收集市场预测信息

在市场预测中，收集床、柜子、沙发等商品的生命周期以及不同生命周期的市场需求数量和预计价格。将各种商品生命周期内的市场需求量填入表 2-1 中，将其市场需求价格填入表 2-2 中。

表 2-1　不同商品生命周期内的市场需求量

商品	周期内的市场需求量							
	1-1 需求量	1-2 需求量	2-1 需求量	2-2 需求量	3-1 需求量	3-2 需求量	4-1 需求量	4-2 需求量
床								
柜子								
沙发								
桌子								

2

续表

商品	周期内的市场需求量							
	1-1 需求量	1-2 需求量	2-1 需求量	2-2 需求量	3-1 需求量	3-2 需求量	4-1 需求量	4-2 需求量
油烟机								
平板电视								
热水器								
空调								
项链								
手链								
耳饰								
戒指								
裤子								
西装								
连衣裙								
风衣								

表 2-2　不同商品生命周期内的市场预计价格

商品	周期内的市场预计价格							
	1-1 预计价格	1-2 预计价格	2-1 预计价格	2-2 预计价格	3-1 预计价格	3-2 预计价格	4-1 预计价格	4-2 预计价格
床								
柜子								
沙发								
桌子								
油烟机								
平板电视								
热水器								
空调								
项链								
手链								
耳饰								
戒指								
裤子								
西装								
连衣裙								
风衣								

根据以上数据，分析当期不同商品所处的生命周期阶段，并将分析结果填入表 2-3 中。

表 2-3　商品生命周期阶段判断

商品生命周期	商品名称
导入期	
成长期	
成熟期	
衰退期	

（二）上期四类人群对店铺内不同商品的购买量占比

请将上期四类人群对店铺内不同商品的购买量占比情况填入表 2-4 中。

表 2-4　上期四类人群对店铺内不同商品的购买量占比

商品	品牌人群的购买量占比	综合人群的购买量占比	低价人群的购买量占比	犹豫不定人群的购买量占比
床				
柜子				
沙发				
桌子				
油烟机				
平板电视				
热水器				
空调				
项链				
手链				
耳饰				
戒指				
裤子				
西装				
连衣裙				
风衣				

（三）当期四类人群对商品的需求数量分析

请将当期四类人群对不同商品的需求数量填入表 2-5 中。

表 2-5　四类人群对不同商品的需求数量

商品	品牌人群需求量	综合人群需求量	低价人群需求量	犹豫不定人群需求量
床				
柜子				
沙发				
桌子				
油烟机				
平板电视				
热水器				
空调				
项链				
手链				
耳饰				
戒指				
裤子				
西装				
连衣裙				
风衣				

二、竞品分析

（一）竞争对手的市场占有率分析

请将竞争对手的四类人群市场占有率情况填入表 2-6 中，将竞争对手经营商品市场占有率情况填入表 2-7 中。

表 2-6　竞争对手的四类人群的市场占有率

人群类别	卖家 1 的市场占有率	卖家 2 的市场占有率	卖家 3 的市场占有率	卖家 4 的市场占有率	卖家 5 的市场占有率	卖家 6 的市场占有率	卖家 7 的市场占有率	卖家 8 的市场占有率	卖家 9 的市场占有率
品牌人群									
综合人群									
低价人群									
犹豫不定人群									

表 2-7　竞争对手经营商品的市场占有率

商品	卖家 1 的市场占有率	卖家 2 的市场占有率	卖家 3 的市场占有率	卖家 4 的市场占有率	卖家 5 的市场占有率	卖家 6 的市场占有率	卖家 7 的市场占有率	卖家 8 的市场占有率	卖家 9 的市场占有率
床									
柜子									
沙发									
桌子									
油烟机									
平板电视									
热水器									
空调									
项链									
手链									
耳饰									
戒指									
裤子									
西装									
连衣裙									
风衣									

（二）竞争对手的现有商品体系分析

分析竞争对手的现有商品体系情况，并将分析结果填入表 2-8 中。

表 2-8　竞争对手的现有商品体系

卖家	商品名称	上期销量	上期售价	成交方式
卖家 1				

续表

卖家	商品名称	上期销量	上期售价	成交方式
卖家 1				
卖家 2				
卖家 3				

续表

卖家	商品名称	上期销量	上期售价	成交方式
卖家 3				

三、确定运营商品

（一）网店现有商品分析

分析网店在售商品情况，并将相关信息填入表 2-9 中。

表 2-9　网店在售商品分析

商品名称	商品销量	商品售价	成交方式	商品销售额	商品成本（采购成本 + 推广成本）	商品毛利	商品转化率

通过对以上数据的分析，判断商品类型并将其填入表 2–10 中。

表 2–10　商品类型判断

商品类型	商品名称	处理方式
利润款		
引流款		
问题款		

（二）新商品分析

分析新商品情况，将相关信息填入表 2–11 中。

表 2–11　新商品分析

运营周期	商品名称	需求城市	市场平均价格	品牌人群需求量	综合人群需求量	低价人群需求量	犹豫不定人群需求量	应对方式（选择或不选择）

任务思考

1. 对于选品，你觉得还需要考虑哪些因素？

____

____

____

2. 讨论在选品时，选择新进入市场的商品目的有哪些？

____

____

____

任务二　商品采购及入库

任务目标

- 能够根据市场需求、店铺订单、商品库存及企业现状等信息合理制订采购计划。
- 能够按照采购计划进行采购投标，并选择合理的采购策略。
- 能够将采购到的商品进行入库作业，并计算付款账期。
- 能够根据实际情况进行仓库扩建等操作。

任务背景

商品采购是商品运营中最重要的环节之一，在完成商品选品后，晓东先要对选择的商品进行整理并制订出详细的采购计划，再根据采购计划进行采购投标的操作。

任务分析

商品采购的步骤主要包括制订采购计划、采购投标、商品入库。制订采购计划需要对市场需求、店铺往期订单、商品的库存量等信息进行分析，结合企业实际销售能力、资金状况等合理制订。采购完成后需对商品进行入库操作，并计算采购货物产生的应付账款。

任务操作

商品采购

一、制订采购计划

（一）分析商品信息

对商品的市场需求量、未交货数量、库存数量及生命周期进行分析，并填写表 2-12。

表 2-12　商品信息分析

商品	市场需求量	未交货数量	库存数量	生命周期

2

续表

商品	市场需求量	未交货数量	库存数量	生命周期

进行采购招标之前，首先对供应商提供的商品进行分析，整理并分析每种商品的供应数量、单位体积、（单件）最低价格，并填写表 2-13。

表 2-13　供应商商品分析

商品	供应数量	单位体积	（单件）最低价格

（二）分析企业现状

制订销售计划必须考虑的因素有企业现状，要对企业的商品绩效、上期销售数量、主要消费人群等信息进行分析，并完成表 2-14。

表 2-14　企业销售能力的分析

商品	商品绩效	上期销售数量	主要消费人群

分析企业资金状况，并填写表 2-15。

表 2-15　企业资金状况

项目	金额
现金	
应付账款	
可贷款额度	
下期还本付息	

（三）分析供应商公司

对供应商公司的情况进行分析，考虑供应商提供商品的数量、信誉度、享受账期、享受折扣等情况，并完成表 2-16，以此作为批量采购或者分批采购的选择依据。

表 2-16　供应商公司分析表

商品	数量	信誉度	享受账期	享受折扣

2

续表

商品	数量	信誉度	享受账期	享受折扣

（四）制定采购计划表

通过分析商品的采购数量、采购价格区间及预计占用体积状况，了解采购影响因素，填写表 2-17。

表 2-17　采购计划表

商品	采购数量	采购价格区间	预计占用体积

二、采购投标

通过公开竞标的方式进行商品采购，系统自动评判中标单位。在采购竞标时，同一种商品按照单位价格出价的高低依次进行交易。如果竞标价格相同，则与供应商关系值高的优先成交；如果竞标价格相同，与供应商的关系值也相同，则与媒体影响力高的优先成交；继续比较社会慈善捐款额、销售额，按投标提交的先后顺序依次交易。

采购投标步骤：

操作步骤 1：单击“开始采购”，进入采购投标界面，单击“添加”，出现如图 2-1 所示的对话框，根据仓库的位置和配送区域选择采购城市、采购商品，填写采购数量和单价，单击“保存”。

图 2-1　采购投标界面

操作步骤 2：将采购信息保存在方案制定栏里。选中采购方案，单击“编辑”可以修改采购信息，点击“删除”，该采购信息就会删除，如图 2-2 所示。

采购投标　规则说明　经营状态

采购投标方案制定　添加　删除

		采购城市	商品	总体积	数量	单位价格	合计金额	操作
1	☐	银川市	裤子	600	200	2.02	404	编辑 删除

图 2-2　添加采购信息

操作步骤 3：添加完采购信息，选中，单击左下角“投标”，弹出对话框，单击“确认”，本期投标结束。

如果同种商品一次性采购数量和信誉度都达到卖家的促销方式要求，可以享受价格和账期上的优惠。

三、商品入库

商品入库在制定采购投标方案时，需要确定合适的采购城市，中标后的商品必须进入该城市的配送中心，如果入库其他城市的配送中心，需要先入库该城市的配送中心，再进行调拨。请将商品入库信息填入表 2-18 中。

表 2-18　商品入库信息

商品	商品体积	数量	总价	平均采购价格	应付账款账期
总计				—	—

任务思考

1. 假设在周期 2-1 时以 21.2 元的价格采购裤子 260 件，以 215 元的价格采购珍珠 50 件，计算实际采购花费和产生应付账款的账期。

2. 在采购竞争比较激烈的情况下，讨论批量采购和分批次采购的利弊。

3. 讨论商品采购时分仓采购的优点和缺点。

任务三　商品定价与发布

任务目标

- 能够通过分析市场情况和企业现状为新商品制定价格策略。
- 能够详细分析商品定价的影响因素，不断优化现有商品价格。
- 能够根据商品信息进行商品发布，并制定合理的运费模板和保修策略。
- 能够分析商品的生命周期、销售情况等信息，制定商品淘汰及新增的标准。

任务背景

商品的定价与发布是影响商品转化率的重要因素，同时对网店运营也会产生影响。晓东必须权衡两部分利益关系，详细分析市场环境、竞争对手和自身店铺信息，并制定出合理的商品定价与商品发布的策略。

任务分析

影响商品定价的因素比较多，晓东需要对市场平均价格、目标人群的需求量、竞争对手的商品销售价格进行分析，还需要结合商品的采购成本、营销成本、目标利润等因素进行价格制定；商品的发布需要对商品的发布数量、运费模板、保修策略等决策点进行具体分析。

商品发布

任务操作

一、商品定价

商品定价是指企业在特定的定价目标指导下，依据对成本、需求及竞争等状态的分析，运用价格决策理论，对商品价格进行计算。

（一）价格影响因素

分析影响商品价格的各种因素，并填写表2-19。

表2-19　商品价格影响因素分析表

商品	市场平均价格	商品绩效	生命周期	市场需求量	采购成本	营销成本	目标利润

2

续表

商品	市场平均价格	商品绩效	生命周期	市场需求量	采购成本	营销成本	目标利润

分析竞争对手各种商品的价格，并填写表 2–20。分析竞争对手目标人群上期市场占有率情况，并填写表 2–21。

表 2–20　竞争对手商品价格分析表

商品	卖家 1 的价格	卖家 2 的价格	卖家 3 的价格	卖家 4 的价格	卖家 5 的价格	卖家 6 的价格	卖家 7 的价格	卖家 8 的价格	卖家 9 的价格

表 2-21　竞争对手目标人群上期市场占有率分析

目标人群	市场占有率								
	卖家 1	卖家 2	卖家 3	卖家 4	卖家 5	卖家 6	卖家 7	卖家 8	卖家 9
低价人群									
综合人群									
品牌人群									
犹豫不定人群									

（二）价格制定

商品定价方法主要包括成本导向定价法、市场导向定价法和顾客导向定价法，如表 2-22 所示。

表 2-22　商品定价方法的类型与含义

定价方法的类型	含义
成本导向定价法	成本导向定价法是指以商品单位成本为基本依据，再加上预期利润来确定价格的定价方法
市场导向定价法	市场导向定价法是指企业通过研究竞争对手的生产条件、服务状况、价格水平等因素，依据自身的竞争实力，参考成本和供求状况来确定商品价格的定价方法
顾客导向定价法	此种方法依据同类商品的市场售价决定本企业的商品售价，设 P 为价格，X 为同类产品市场售价，Y 为加成，可正可负，则 $P=X+Y$

分析完商品信息和竞争对手等信息，下一步就要对新商品进行价格制定，对现有商品进行价格调整。请将新商品的相关信息填入表 2-23 中，将现有商品的价格调整情况填入表 2-24 中。

表 2-23　新商品价格及生命周期、定价方法

新商品	新商品价格	生命周期	定价方法

表 2-24　现有商品价格调整

商品	上期价格	本期价格	生命周期	定价方法

操作步骤：如图 2-3 所示，在“发布新商品”页面中，修改商品的基本信息。

发布新商品
填写商品基本信息
1. 商品基本信息
商品名称：裤子
选择店铺：我的C店
一口价：8.23
商家编码：
商品数量：40 件请认真填写。无货空挂，可能引起投诉与退款
2. 商品物流信息
运费：卖家承担运费 / 买家承担运费
EMS填0时，前台将不显示该项
3. 售后保障信息
保修：是 否
发布

图 2-3　修改商品价格

若发布商品时卖家承担运费，则商品一口价 = 商品价格；若发布商品时，设为买家承担运费，则单个商品一口价 = 商品价格 + 物流运费。若商品价格 > 市场平均价格 ×（1+不同人群价格浮动率），则为违规价格，违规价格系统不提示，但是不能成交。不同人群价格浮动率由期初教师端设置。

二、商品发布

商品发布前要对配送中心的库存信息进行分析，请将库存信息填入表 2-25 中。

表 2-25　库存信息

商品	库存数量	所在仓库	未发单需求	差额

商品必须上架后才可以进行销售。商品发布数量 = 库存数量 + 预售数量。请将商品发布记录填入表 2-26 中。

表 2-26　商品发布记录表

商品	发布数量	预售数量	销售数量	包邮	保修

续表

商品	发布数量	预售数量	销售数量	包邮	保修

商品发布步骤：

操作步骤 1：在商品发布环节，单击“发布新商品”按钮，如图 2-4 所示。

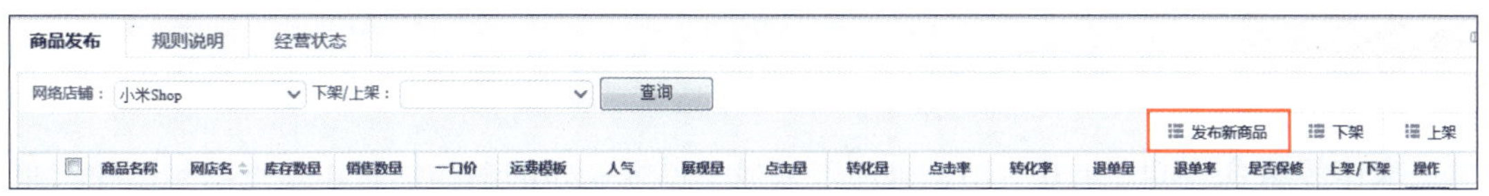

图 2-4　发布新商品

操作步骤 2：在“发布新商品”中，按规则分别填写商品基本信息、商品物流信息和售后保障信息，填写完成后单击“发布”按钮，如图 2-5 所示。

图 2-5　添加商品信息

商品入库以后，在开设的店铺中发布计划销售的商品，表 2-27 为商品基本信息、商品物流信息及售后保障信息的说明。

表 2-27　商品发布规则说明

商品基本信息	1. 商品名称。选择要发布的新商品的名称，商品发布以后是不能修改商品名称的
	2. 店铺选择。选择商品所在店铺的名称，商品发布以后，此项也是不能修改的
	3. 商家编码。根据具体情况填写商家编码即可
	4. 商品数量。系统允许商品预售，但是预售数量不能超过 20 件，所以，商品的发布数量≤库存数量 + 预售数量。若产生交易，必须按买家要求的到货期限交货，否则将承担违约责任
商品物流信息	1. 卖家承担运费。在此种方式下，商品价格 = 商品一口价，买家只需要将商品按一口价支付给卖家，配送完成后，由卖家支付物流公司实际费用
	2. 买家承担运费。在此种方式下，卖家可以创建运费模板或者直接输入各种物流方式的物流运费，买家会根据其选定的物流方式将商品按一口价和总物流运费一同支付给卖家；卖家可以采用任意物流方式运输，只要在卖家规定的时间内到达即可，否则将承担退单的违约责任。配送完成后，由卖家支付物流公司的实际费用
售后保障信息	保修会产生售后服务费用，会影响对保修有要求的人群的成交和商品绩效

操作步骤 3：如图 2-6 所示，页面中会显示已经发布的商品信息，并可以对已经发布的商品除商品名称和所属店铺以外的信息进行修改。另外，还可以修改商品的上下架状态，只有显示为上架状态的商品才能出售。

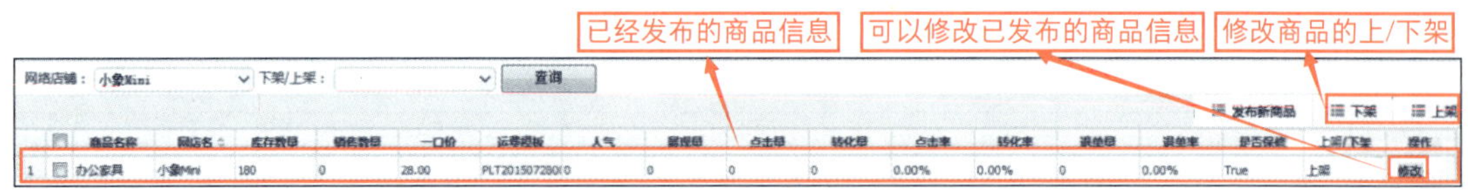

图 2-6　商品信息管理

运费设置相关操作：

操作步骤 1：在运费设置环节，可以选择卖家承担运费，如图 2-7 所示。

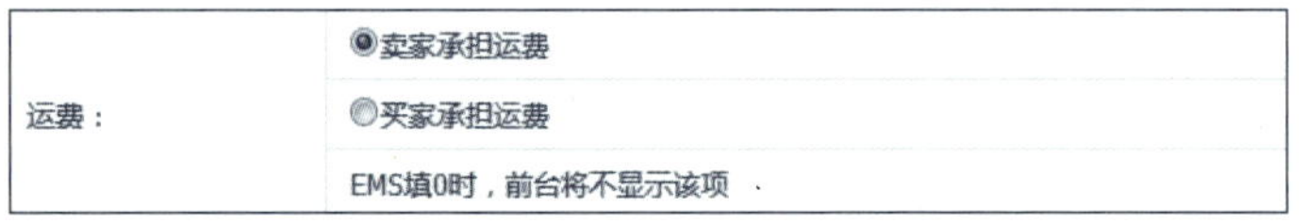

图 2-7　卖家承担运费

操作步骤 2：在运费设置环节，除了选择卖家承担运费，还可以选择买家承担运费，如图 2-8 所示。

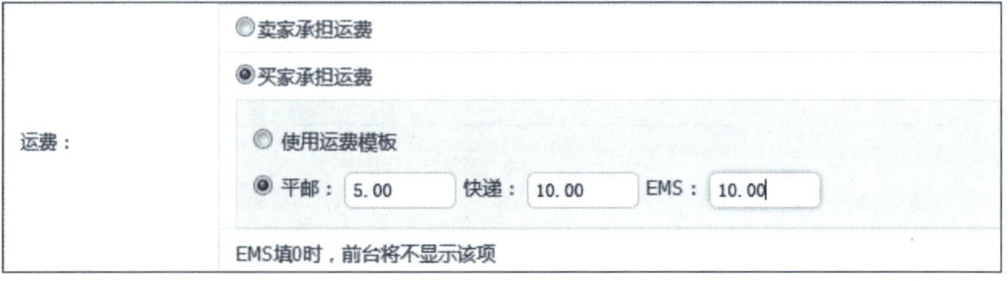

图 2-8　买家承担运费

操作步骤 3：在选择买家承担运费时，既可以选择系统里默认的运费模板，也可以自己创建运费模板，如图 2–9 所示。

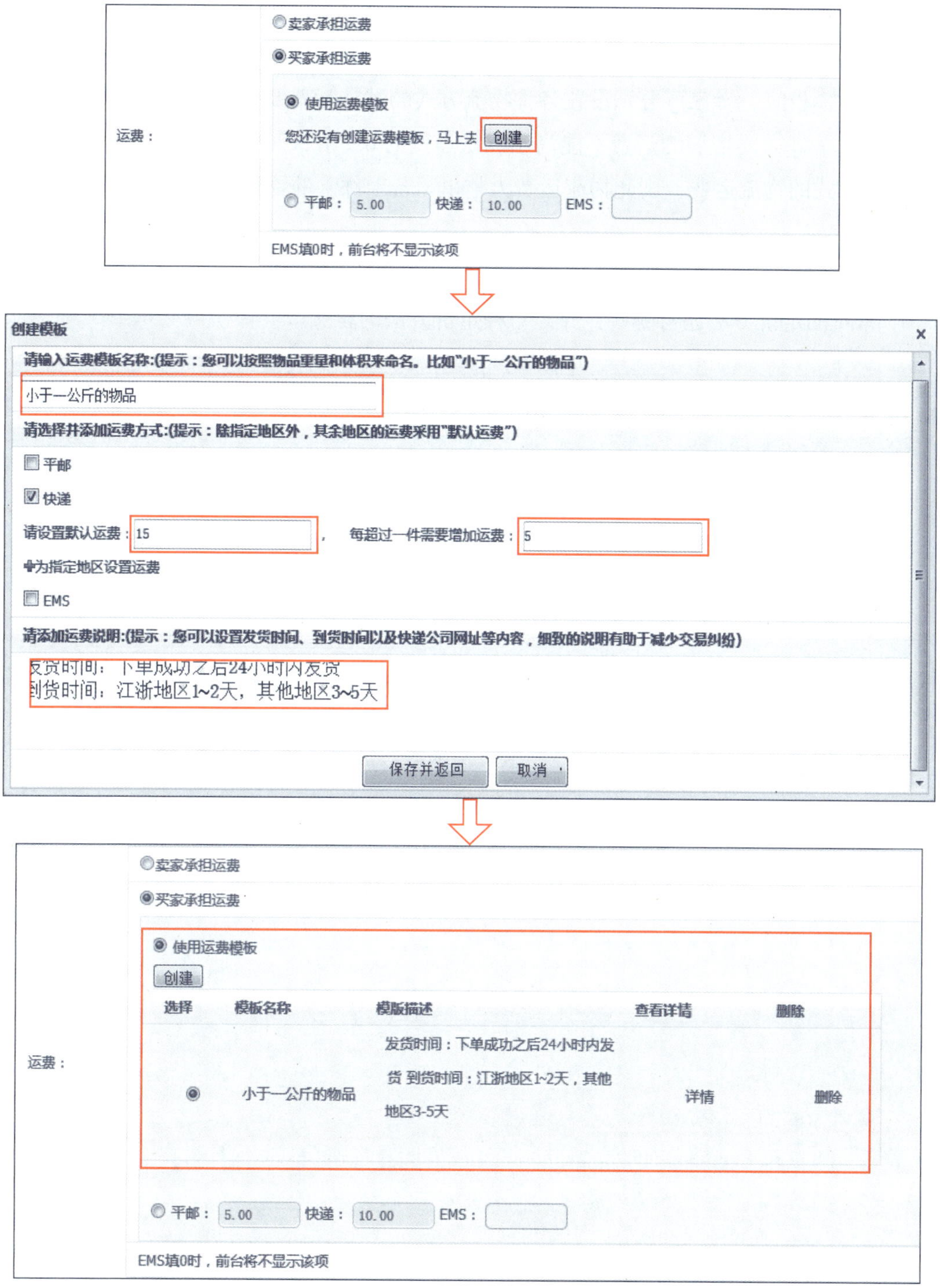

图 2–9　设置运费模板

发布商品时，卖家可以选择卖家承担运费或买家承担运费。当选择买家承担运费时，卖家可以创建运费模板或者直接输入各种物流方式的物流运费，买家会根据其选定的物流方式将商品一口价和总物流运费一同支付给卖家；卖家可以采用任意物流方式运输（只要在买家规定的时间内到达，否则将承担退单的违约责任），配送完成后由卖家向物流公司支付实际运费。当选择卖家承担运费时，买家只需将商品一口价支付给卖家，配送完成后由卖家向物流公司支付实际运费。

在创建模板时，卖家可分别设置各种物流方式的默认运费及每超过一件需要增加的运费；每超过一件需要增加的运费不能高于默认运费的 0.5 倍；如果不创建模板，直接输入各种物流方式的物流运费，则此物流运费为整单（若干件）的物流运费。

任务思考

1. 常见的定价方法还有哪些？介绍每种定价方法的含义。

____

____

____

2. 通过分析商品的生命周期、销售情况等信息，制定商品淘汰及新增的标准。

____

____

____

工作领域三

流量获取

思维导图

流量获取

任务一 推广策略制定与实施

任务目标

- 能够根据推广需求制定 SEO 推广策略，并在网店运营推广高级评价系统内实施 SEO 推广，提高网店的曝光率，获取网店运营推广高级评价系统免费流量。
- 能够根据推广需求制定 SEM 推广策略，并在网店运营推广高级评价系统内实施 SEM 推广，提高网店的曝光率，获取站内付费流量。
- 熟悉常见的站外推广渠道，并了解各自的利弊。能够根据推广需求，制定并实施可行的站外推广策略，提高网店的曝光率，获取站外付费流量。

任务背景

晓东在网店商品上架后，急切地想要销售商品，形成订单。根据销售漏斗原理，只有较多的流量才会产生更多的销售量。晓东根据网店的战略目标分析市场情况，结合商品特性、竞争对手策略预判等，制定推广策略，实施站内 SEO/SEM 推广、站外推广，成功获取流量，并进一步分析、优化，逐渐增加网店流量。

任务分析

网店运营需要引入流量，提高网店的曝光率。在网店运营过程中，既要根据商品的特征、市场竞争环境、营销策略等信息制定 SEO 推广策略并实施免费推广，也常常根据市场情况、营销策略、资金预算等信息制定 SEM 推广策略进行付费引流。

除了常见的站内推广，也可以采用站外推广的方式给网店引入流量。分析各站外推广渠道的异同，分析各自的优劣，进而根据网店营销策略制定站外推广策略，实施站外推广。

任务操作

一、站内推广策略制定与实施

（一）站内 SEO 推广策略的制定与实施

1. 了解网店运营推广高级评价系统的 SEO 排名规则

在进行 SEO（Search Engine Optimization，搜索引擎优化）推广前，需要首先了解网店运营推广的规则，以网店运营推广高级评价系统为例，每个商品最多 7 个关键词，关键词之间用“；”隔开，如果所设关键词超过 7 个，则保存前 7 个；每个关键词的字数不能超过 10 个。SEO 商品排名得分情况如表 3-1 所示。

3

表 3-1　SEO 商品排名得分情况

<table>
<tr><th>排名总分</th><th colspan="2">分解项</th><th>数据来源或计算方式</th></tr>
<tr><td rowspan="12">SEO 商品排名得分</td><td rowspan="5">SEO 关键词排名得分（权重 0.4）</td><td>关键词搜索相关性</td><td></td></tr>
<tr><td colspan="2">×</td></tr>
<tr><td rowspan="3">SEO 关键词匹配方式得分</td><td></td></tr>
<tr><td></td></tr>
<tr><td></td></tr>
<tr><td colspan="3">+</td></tr>
<tr><td rowspan="6">商品绩效得分（权重 0.6）</td><td>商品点击率得分</td><td></td></tr>
<tr><td>商品点击量得分</td><td></td></tr>
<tr><td>商品转化率得分</td><td></td></tr>
<tr><td>商品转化量得分</td><td></td></tr>
<tr><td>商品退单率得分</td><td></td></tr>
<tr><td>保修得分</td><td></td></tr>
</table>

2. 分析并制定 SEO 推广策略

关键词设置在 SEO 推广中处于关键地位。通过优化标题关键词，尽可能匹配买方的搜索习惯，在买方搜索某个关键词时，即展示与该关键词相关的商品，并取得靠前的自然排名。因此，网店设置的关键词既需要考虑网店运营推广高级评价系统的排名规则，又需要考虑网店的发展阶段、商品的属性特征、市场的竞争环境等综合因素。

关键词有多种分类，可以按热度分为热门关键词、一般关键词、冷门关键词；按长短分为短尾关键词、长尾关键词；按级别分为一级关键词、二级关键词、三级关键词等。

在设定关键词的时候，应尽量选择高搜索量、低竞争度的关键词，可以实现低投入、高引流。在设定这样的关键词时，需要进一步了解消费者的心理，分析市场，对比各类数据，并进行及时修改、调整，经过详细对比后筛选得出。

关键词设置可以按照这种方式组合：营销关键词＋意向性关键词＋属性卖点词＋类目关键词＋长尾关键词。例如，某网店的关键词设置如下：

营销关键词：包邮。

意向性关键词：七匹狼商务。

属性卖点词：休闲长款。

类目关键词：男装。

长尾关键词：男式白色带帽立领外套。

因此，这家网店可以设置以下关键词组合：包邮、七匹狼商务、休闲长款、男装、男式白色带帽立领外套。

根据以上规则，分析当期不同商品所需要设定的 SEO 关键词，并填写表 3-2。

表 3-2　SEO 关键词设定

商品	SEO 关键词

3. 实施 SEO 优化

单击菜单的“SEO 优化”按钮，进入 SEO 优化选项，如图 3-1 所示。

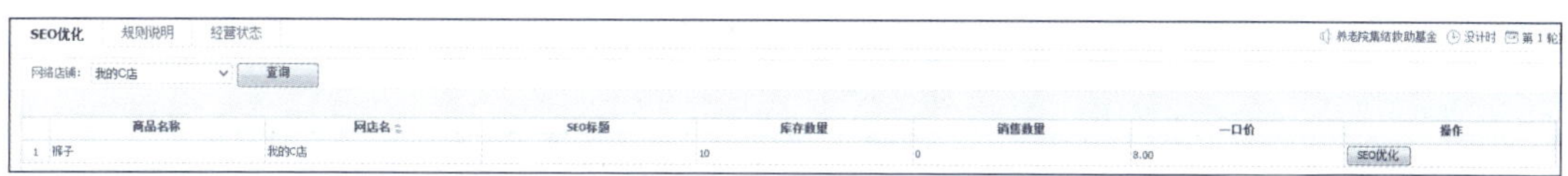

图 3-1　SEO 优化

输入关键词，单击“保存”即可，如图 3-2 所示。

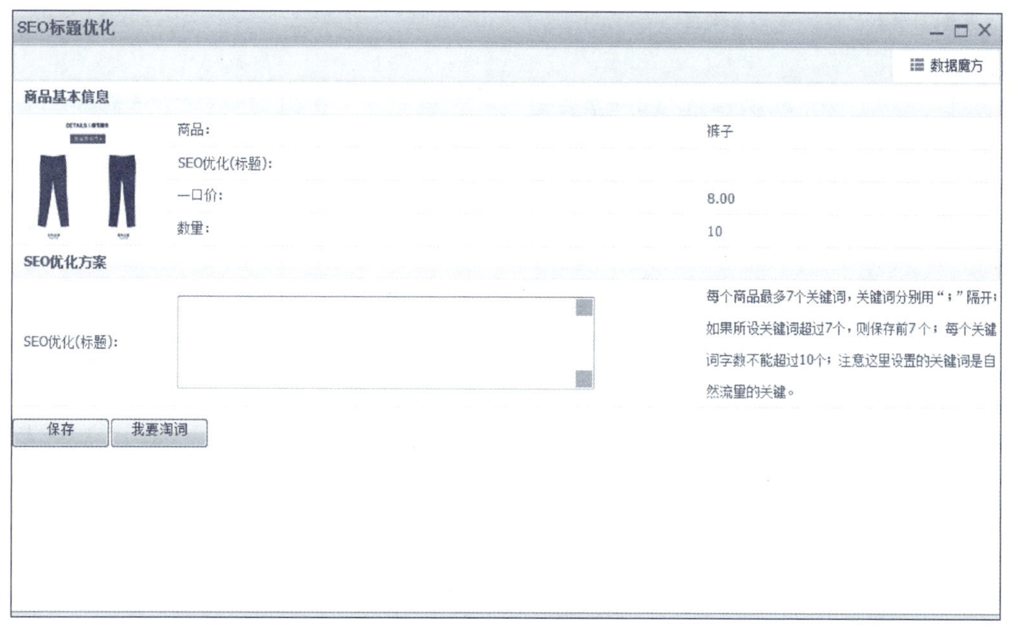

图 3-2　SEO 标题优化

也可以单击“我要淘词”进入“淘关键词”页面。选择相应的商品，选取某个指标排名靠前的几个关键词，作为 SEO 的关键词，如图 3-3 所示。

完成后的页面如图 3-4 所示。

淘关键词

桌子
油烟机
项链
裤子

裤子数据魔方　　加入标题

	关键词	展现量	点击量	转化量	点击率	转化率	点击花费	平均点击£	搜索相关t
1	休闲 裤	14965	3740	470	24.99%	12.57%	1680.00	0.45	4.20
2	2024夏装新	14959	3740	406	25.00%	10.86%	2292.00	0.61	3.80
3	休闲女裤	14940	2473	365	16.55%	14.76%	2118.00	0.86	4.00
4	品牌女装	14882	2446	365	16.44%	14.92%	300.00	0.12	4.00
5	裤子休闲	14867	2440	412	16.41%	16.89%	2640.00	1.08	4.40
6	运动裤	14793	2408	341	16.28%	14.16%	2358.00	0.98	4.00
7	女裤	14725	3681	459	25.00%	12.47%	2406.00	0.65	4.20
8	裤裙	14723	3678	423	24.98%	11.50%	3906.00	1.06	4.00
9	裤子 女	14710	3675	388	24.98%	10.56%	528.00	0.14	3.80
10	长裤女休闲	14687	2358	341	16.06%	14.46%	1152.00	0.49	4.00
11	女装 夏装 亲	14646	2340	318	15.98%	13.59%	2820.00	1.21	3.80
12	大码哈伦裤	14599	2320	400	15.89%	17.24%	330.00	0.14	4.60

查找　刷新　　1　共 332 页　　20　　1 - 20　共 6,639 条

图 3-3　淘关键词

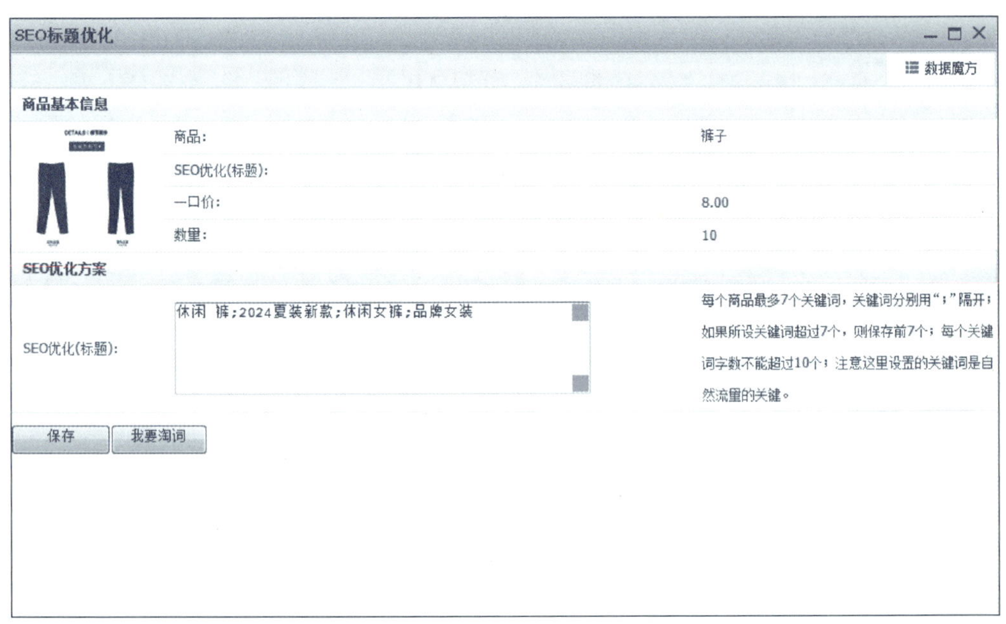

图 3-4　输入商品关键词

（二）站内 SEM 推广策略制定与实施

1. 了解网店运营推广高级评价系统的 SEM 排名规则

开展搜索引擎营销（Search Engine Marketing，SEM）推广，就是通过对自己所销售商品相关的关键词出具一定的竞价价格，在买方搜索其中某个关键词时，展示与该关键词相关的商品，并取得靠前的搜索排名，每个商品最多选择 50 个关键词。

卖家在进行推广时需要制订推广计划，推广计划包含每期推广限额，每个卖家最多可以制订 4 个推广计划。SEM 推广账户余额为“0”时，无法进行 SEM 推广，必须先充值完成后才可以进行 SEM 推广。每个推广计划的上限额度为 1 000。

SEM 商品排名得分情况如表 3-3 所示。

表 3-3　SEM 商品排名得分情况

<table>
<tr><th>排名总分</th><th colspan="3">分解项</th><th>数据来源或计算方式</th></tr>
<tr><td rowspan="10">SEM 商品排名得分</td><td>竞价价格</td><td colspan="3"></td></tr>
<tr><td colspan="4">×</td></tr>
<tr><td rowspan="8">质量分</td><td>SEM 关键词排名得分（权重 0.4）</td><td>关键词搜索相关性</td><td></td></tr>
<tr><td colspan="3">+</td></tr>
<tr><td rowspan="6">商品绩效得分（权重 0.6）</td><td>商品点击率得分</td><td></td></tr>
<tr><td>商品点击量得分</td><td></td></tr>
<tr><td>商品转化率得分</td><td></td></tr>
<tr><td>商品转化量得分</td><td></td></tr>
<tr><td>商品退单率得分</td><td></td></tr>
<tr><td>保修得分</td><td></td></tr>
</table>

SEM 推广是付费推广，可以根据推广计划，为每种商品设计不同的推广组，每个推广组可以根据关键词制定相应的出价策略。每个推广计划包含若干个推广组，每个推广组对应一种商品，同种商品也只对应一个推广组，所以针对同种商品的不同关键词设定不同的竞价价格可以更好地起到 SEM 推广效果。

SEM 关键词匹配方式可分为精确匹配、中心匹配、广泛匹配。实施精确匹配时，只有当买方搜索的关键词与卖方投放的关键词完全相同时才能被搜索到；实施中心匹配时，当买方搜索的关键词是卖方投放的关键词的子集时也能够被搜索到；实施广泛匹配时，买方搜索的关键词与卖方投放的关键词有一部分相同时即可被搜索到。

卖家实际为某个 SEM 关键词一次点击所付的费用 = 该关键词排名下一名的竞价价格 ×（下一名的质量得分 / 商品的质量得分）+ 0.01

2. 分析并制定 SEM 推广策略

制定 SEM 推广策略是一个需要综合考虑的事情，既需要根据网店当前的战略，又需要进行市场分析，了解消费者需求还需要结合商品的特性，在资金预算的范围内制定相关方案。

（1）网店战略分析。网店总体战略是指为实现网店总体目标，对网店未来的发展方向所做出的长期性、总体性的谋划。网店总体战略包括稳定型战略、发展型战略、紧缩型战略和组合型战略四种类型。网店需要考虑当前处在哪个阶段，适合制定哪种类型的战略。

（2）用户需求分析。每一类用户背后都代表着一类需求。想要获取这部分用户，就要先了解他们的需求，有什么样的特性。用户分析一般可以从用户画像的几个要素入手，分析后形成客户画像。网店需要考虑当前的目标客户是哪类人群，有哪些特点及需求。

（3）商品分析。只有了解商品，才能更好地把它销售出去。所以，在推广前，一定要做好自身商品的分析工作。可以根据前面的用户需求分析，将商品卖点和用户需求点相结合。通常情况下，用户能记住3个左右的卖点，所以商家大致考虑3~5个卖点即可。

请将用户需求与商品卖点情况填入表3-4中。

表3-4 商品“需求—卖点”结合表

卖点	用户需求	商品卖点
卖点1		
卖点2		
卖点3		
卖点4		
卖点5		

（4）资金预算。与SEO推广不同，SEM推广需要现金的流出。因此，网店需要提前进行合理规划，避免虽然出现成功引流，但现金流枯竭、推广费用过高而得不偿失的情况。在进行SEM推广时，网店运营已经经过了网店的开设、装修、商品采购等环节，剩下的资金要用于物流、还贷、支付工资及其他相关费用，以及上轮订单的签收或偿还本期短期贷款。计算出SEM推广资金预算的上限，并填写表3-5。

表3-5 SEM推广资金预算上限

项目	影响	数额
现有资金		
站外推广预算	−	
物流费用预算	−	
预估签收货款	+	
应收/应付款预算	+/−	
借短期借款/还短期借款	+/−	
支付工资	−	
支付相关费用	−	
交税	−	
借长期借款/还长期借款	+/−	
SEM资金预算上限	=	

（5）制定SEM推广策略。做好商品分析工作后，便需要制定SEM推广策略。SEM推广策略需要包括以下几点：商品绩效多少、选择哪些关键词、各使用哪种匹配方式、各设定多少竞价价格等。

根据SEM推广计划，针对每种商品可以设计不同的推广组，每个推广组可以根据关键词制定相应的出价策略，试填写表3-6和表3-7。

表 3-6　SEM 推广计划策略

	金额	SEM 推广组
SEM 推广资金预算上限		
SEM 推广计划 1 限额		
SEM 推广计划 2 限额		
SEM 推广计划 3 限额		
SEM 推广计划 4 限额		

表 3-7　某商品 SEM 推广组策略

关键词	竞价	匹配方式	质量分

3. 实施 SEM 推广

单击“新建推广计划”，并设定当期花销的各 SEM 推广计划上限额度并单击“保存”，如图 3-5 所示。

图 3-5　新建 SEM 推广计划

给 SEM 推广进行充值（见图 3-6）。如果没有为 SEM 推广计划充值，将无法进行 SEM 推广。

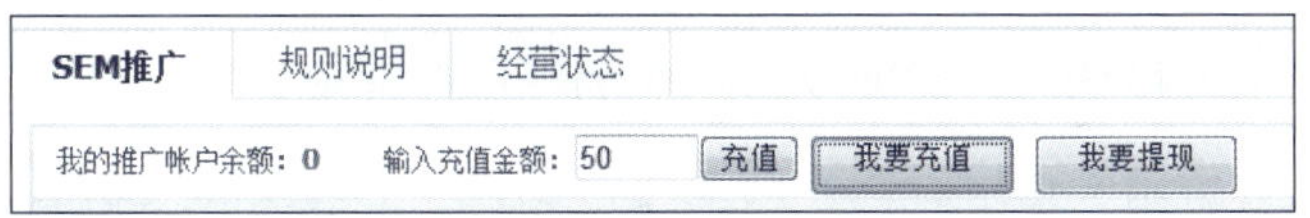

图 3-6　SEM 推广充值

单击“SEM管理”，单击“新建推广组”（见图3-7），设置推广组名称、默认竞价、推广商品、推广计划等内容。

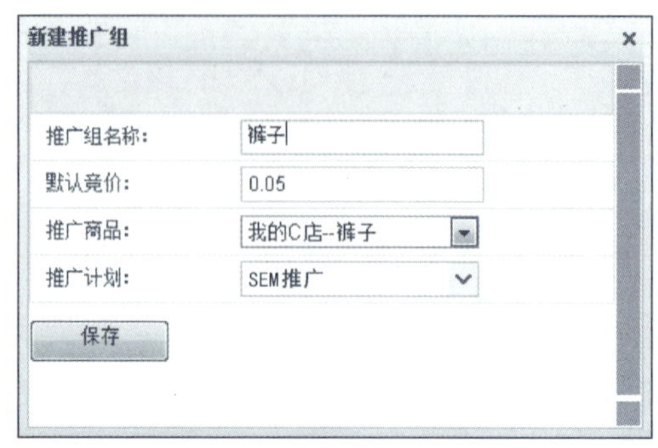

图3-7　新建SEM推广组

进入“管理推广关键词”，根据之前的SEM推广策略，设定相应的关键词、匹配方式、默认竞价等内容。其中，匹配方式可分为精确匹配、中心匹配、广泛匹配三种方式，如图3-8所示。SEM管理如图3-9所示。

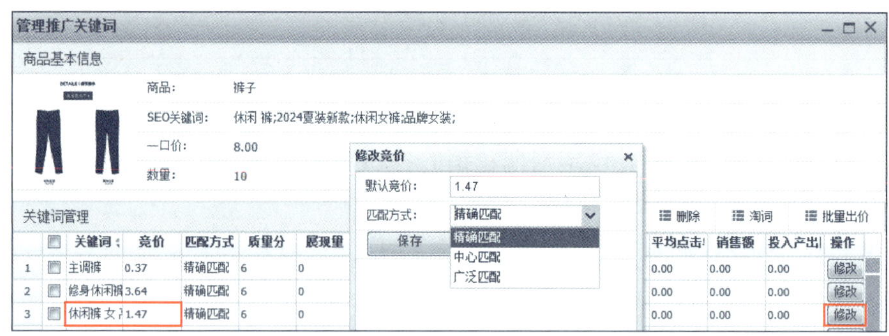

图3-8　管理推广关键词

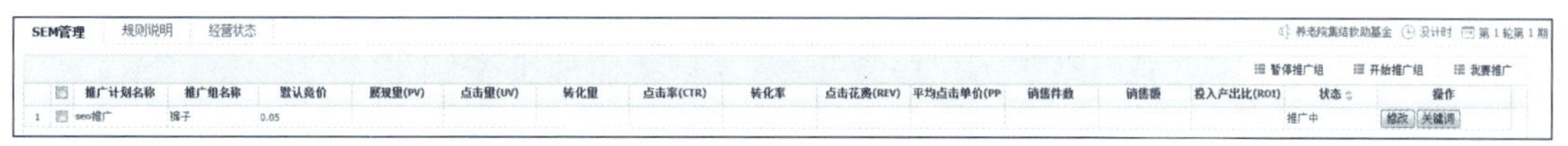

图3-9　SEM管理

二、站外推广策略制定与实施

（一）了解网店运营推广高级实训系统的站外推广规则

根据网店运营需求，卖家可以针对已经筹建完成的B店发布的商品，选择央视、网络广告联盟、百度三种媒体中的一种或多种进行推广，用来吸引品牌人群的购买需求，提升店铺人气及商品人气。投标时，需要支付相应的投标保证金。投标价高者中标，未中标则退回所有保证金。分析站外推广各媒体的媒体时段、影响力度和关系值，请将站外推广各渠道分析情况填入表3-8中。

表 3-8　站外推广渠道分析

媒体	媒体时段	影响力度	关系值

（二）制定站外推广的策略

根据企业营销策略，选择合适的推广渠道，确定投标价，准备好预算。将制定的站外推广策略填入表 3-9 中。

表 3-9　制定站外推广策略

商品	推广方式	投标价

（三）实施站外推广

单击“站外推广”，单击“添加”，设置站外推广商品、推广方式、投标价格等，保存即可。全部完成后，单击“递交投标”，如图 3-10 所示。

需要注意，引流工作需要在站外推广招标倒计时结束前完成（见图 3-11），否则将视为弃权。

图 3-10　投放站外推广

图 3-11　站外推广招标倒计时

任务思考

1. 站内推广的时候，对于商品绩效高的商品，该采用怎样的推广策略比较合理？

2. 在制定站外推广预算时，要考虑哪些因素？

■ 任务二　推广效果分析与优化

任务目标

- 能够对站内 SEO 推广效果进行分析，并根据分析结果优化站内免费推广策略，有效增加网店的站内免费流量。
- 能够对站内 SEM 推广效果进行分析，并根据分析结果优化站内付费推广策略，有效增加网店的站内付费流量。
- 能够对站外推广效果进行分析，并根据分析结果优化站外付费推广策略，有效增加网店的站外流量。

任务背景

经过一段时间的运营后，晓东喜忧参半。喜的是网店已经引流成功，并实现了销量"破冰"的目标；忧的是虽然有的商品流量可观，但有的商品的引流效果不尽如人意。晓东很想知道为什么有的引流效果好，有的不好，以及该如何改进引流策略，才能更好地提升网店的曝光率。

任务分析

设置好站内 SEO/SEM 推广、站外推广只是完成流量导入的第一步，网店运营者还需要根据推广效果，对关键词进行持续优化，设置不同层次的推广策略等。通过设置、分析、优化，形成 PDCA 循环，持续改进引流效果。

搜索引擎优化

任务操作

一、站内推广效果分析与优化

（一）站内 SEO/SEM 推广效果分析

网店运营推广高级实训系统基于某关键词模拟买家的一次搜索，设 N 为组数，SEO 商品排名得分前 $N\times60\%$ 名卖家的商品会被展现，数据魔方中该关键词的展现量会加 $N\times60\%$（不足 $N\times60\%$ 家时按实际家数）次，前 $N\times60\%$ 名卖家的商品展现量会各加 1 次；SEO 商品排名得分前 $N\times40\%$ 名的卖家商品会被点击，数据魔方中该关键词的点击量会加 $N\times40\%$（不足 $N\times40\%$ 家时按实际家数）次，前 $N\times40\%$ 名卖家商品的点击量会各加 1 次；模拟买家按照本次模拟搜索代表人群（4 类人群中的一种）的成交条件与 SEO 推广商品排名进入前 $N\times40\%$ 名的卖家进行撮合交易，表示 SEO 引流成功。

在网店运营推广高级实训系统中，基于某关键词模拟买家的一次搜索，SEM 推广

3

商品排名得分前 $N\times40\%$ 名的卖家的商品会被展现，数据魔方中该关键词的展现量会加 $N\times40\%$（不足 40% 家时按实际家数）次，前 $N\times40\%$ 名卖家商品的展现量会各加 1 次；SEM 商品排名得分前 $N\times30\%$ 名的卖家的商品会被点击，数据魔方中该关键词的点击量会加 $N\times30\%$（不足 $N\times30\%$ 家时按实际家数）次，前 $N\times30\%$ 名卖家商品的点击量会各加 1 次。注意，SEM 只有进入前 30% 名的卖家，才有可能产生订单，表示 SEM 引流成功。

在网店运营推广高级实训系统中，引流和销售是同步完成的。所以，在某期的销售完成后，有必要对 SEO/SEM 的引流效果进行分析，看看如何进一步节省推广费用，或持续增强引流效果。

选择“经营分析—进店关键词分析”，记录并分析 SEO 点击量、SEO 转化量、SEO 转化率、SEM 点击量、SEM 转化量、SEM 转化率等指标排名靠前的关键词，完成表 3-10 的填写。

表 3-10　某商品主要进店关键词分析

时间	店铺名称	商品名称	关键词	SEO 点击量	SEO 转化量	SEO 转化率	SEM 点击量	SEM 转化量	SEM 转化率	点击花费	平均点击单价	销售额	平均产出比

每个关键词的背后代表着客户的某种需求，SEO 分析就是要对关键词进行分析，让 SEO 关键词和进店关键词匹配，最大范围地匹配客户需求，就是 SEO 推广优化的目标。可以从以下五方面进行分析：

1. 流量来源分析

对于网店而言，站内 SEO、SEM 推广可以作为网店引流的入口渠道。可以针对网店进店关键词情况，进行流量来源分析，完成表 3-11 的填写。

表 3-11　网店商品流量来源分析

时间	商品名称	SEO 流量	SEM 流量	总流量	SEO 占比	SEM 占比

2. SEO 推广关键词分析

网店运营推广高级实训系统的数据魔方中给出了每个商品的关键词，根据 SEO 的匹配方式，是选择这些现成的关键词，还是选择写词？如果选择现成的关键词，通过哪些指标来考虑选择关键词？如果选择写词，该选择哪些词语来组成关键词？这些问题在不同的平台、不同的商品、不同的阶段都会有不同的结论。网店运营者需要通过多次的测试才能得出结论。请尝试做引流测试，完成表 3-12 的填写。

表 3-12　SEO 推广关键词分析

		测试次数	第一次	第二次	第三次
SEO 推广关键词分析	根据数据魔方指标选词	展现量			
		点击量			
		转化量			
		点击率			
		转化率			
		点击花费			
		平均点击单价			
		搜索相关性			
		其他组合 1			
		其他组合 2			
		其他组合 3			
	自行组合写词	热门关键词			
		一般关键词			
		冷门关键词			
		长尾关键词			
		其他			
结论					

3. 商品绩效分析

商品绩效对SEO优化有重大影响。每期SEO关键词的修改、选择和商品绩效得分的高低有极大相关，请对某期商品绩效进行分析，并完成表3-13。

表3-13　某期商品绩效分析

商品名称				
商品点击率得分				
商品点击量得分				
商品转化率得分				
商品转化量得分				
商品退单率得分				
保修得分				
商品绩效得分				

4. 竞品分析

按照SEO商品排名得分的计算方式，如果与竞争对手的关键词相同，相互之间就存在竞争关系，那么就有必要了解竞争对手的关键词，尤其是商品排名靠前的竞争对手的关键词。通过“辅助工具—商城”，可以找到竞争对手的店铺，双击打开后可以选择要查看的商品，记录相关信息。请将某对手竞品分析情况填入表3-14中。

表3-14　某对手竞品分析

商品名称	一口价	商品数量	SEO关键词	运费方式	保修	秒杀

5. SEM推广费用分析

进行某期SEM推广费用占比分析，将某期SEM推广费用占比情况填入表3-15中，将某商品SEM推广成效分析情况填入表3-16中。

表3-15　某期SEM推广费用占比分析

SEM推广费用	SEM预算	预算占比	是否有剩余

表 3-16　某商品 SEM 推广成效分析

关键词	竞价	匹配方式	质量分	展现量	点击量	转化量	点击率	转化率	点击花费	平均点击单价	销售额	投入产出比（ROI）

通过 SEM 推广费用分析，可以了解到推广引流成效如何；通过比较质量分、展现量、点击量、转化量、点击率、转化率、点击花费、平均点击单位、销售额、投入产出比等指标，可以判断是否为有效关键词。如果是，则可以考虑继续投入；如果不是，可以结合企业目标等情况，考虑是加大投入，还是改用其他关键词。

（二）站内 SEO 优化策略

在网店运营推广高级实训系统中，SEO 优化围绕商品关键词进行，即保留引流有效的关键词，调整、修改无效的关键词。一般来说，会把所选择出的长尾关键词进行相关的分类，并根据这些分类来进行“二八法则”优化，即把 80% 的精力放在选择出的 20% 的关键词优化中。这样可以更有计划地去优化关键词，高效地进行 SEO 优化。根据之前对几个方面的分析，优化、调整 SEO 关键词，形成 SEO 关键词优化策略，并将其填入表 3-17 中。

表 3-17　SEO 关键词优化策略

商品	SEO 关键词优化策略

（三）站内 SEM 优化策略

1. 策略方向优化

要想提升 SEM 优化效果，首先从策略方向开始，确定是要在现有投入情况下继续增强 SEM 引流效果，还是要在保持引流效果的同时减少 SEM 推广费用，或是增加 SEM 投入且增加引流。

2. 流量控制优化

首先是关键词的优化。在网店运营推广高级实训系统中，SEM 的关键词推广数量是有限的，不能超过 50 个。每一个关键词的背后都代表访客的需求，可能有相应的订单。

其次是关键词的匹配方式优化。即采用精确匹配、中心匹配、广泛匹配。

最后是关键词的竞价价格优化。竞价价格的设定难度较大，价格低了就没有竞价能

3

力，无法实现 SEM 引流；价格高了就会导致推广费用上升，从而降低利润空间。在考虑竞价价格的时候，有必要结合商品绩效进行考虑。

关键词的选择、价格确定、匹配方式选择是一个系统，需将它们有机结合起来，相互配合，相辅相成。科学、系统地进行 SEM 优化，多维度、多角度地分析操作，一定会让网店的引流成果更加显著，提升网店销售量。试将某商品 SEM 推广组策略优化情况填入表 3-18 中。

表 3-18　某商品 SEM 推广组策略优化

关键词	竞价	匹配方式	质量分

二、站外推广效果分析与优化

（一）站外推广效果分析

在网店运营推广高级评价系统中，站外推广媒体促成订单成交顺序为：品牌人群 > 低价人群 > 综合评价人群 > 犹豫不定人群。需要注意的是，品牌人群出现的时间节点为第三轮第二期（3-2），在此之前没有品牌人群的需求。

品牌媒体的影响力取决于“影响力度”指标（见图 3-12），最低投标为 5，最高投标者中标。除百度推广以外，未中标的卖家收回投标金。百度推广会有 10 个卖家中标，并根据投标价格高低排名。

媒体基本信息

	媒体	媒体时段	影响力度	得到关系值	最低投放额度
1	百度	排名第一	20	5	5
2	百度	排名第二	18	9	5
3	百度	排名第三	15	8	5
4	百度	排名第四	13	7	5
5	百度	排名第五	11	6	5
6	百度	排名第六	10	5	5
7	百度	排名第七	9	4	5
	百度	排名第八	7	3	5
9	百度	排名第九	6	3	5
10	百度	排名第十	5	3	5
11	网络广告联盟	微博	7	4	5
12	网络广告联盟	微信	8	4	5
13	网络广告联盟	论坛	6	4	5
14	央视	黄金时段	40	2	5
15	央视	午间时段	12	10	5
16	央视	晚间时段	6	8	5

图 3-12　媒体基本信息

媒体中标的卖家获得媒体影响力后，能够提高相应的品牌人群的成交指数。需要注意的是，未中标的站外媒体将无法获得品牌人群的成交订单，即站外引流失败。

通过站外推广引流占比分析、站外推广中标分析等，可以较好地判断出站外引流是否成功，是否需要加大站外引流力度等，试将这两个分析结果分别填入表 3-19 和表 3-20 中。

表 3-19　站外推广引流占比分析

周期	期初店铺媒体影响	当前店铺媒体影响	本期媒体影响	期初总媒体影响	当前总媒体影响	本期总媒体影响	本期站外引流占比
3-2							
4-1							
4-2							
5-1							
5-2							

表 3-20　站外推广中标分析

媒体名称	商品名称	时段名称	中标费用	影响力度	中标与否	关系值

（二）站外推广优化策略

根据媒体中标情况，结合企业资金预算、市场情况等信息，进一步优化 SEM 推广策略，调整 SEM 推广的商品、推广方式、投标价等，完成表 3-21 的填写。

表 3-21　制定站外推广优化策略

商品	推广方式	投标价

任务思考

1. 某次模拟运营中，晓东总是觉得SEM推广费用消耗太快。有什么方法可以在降低SEM推广费用的同时，尽量维持相同引流？

2. 某次模拟运营中，晓东发现某商品的SEO/SEM推广连续3期都无法成功引流，他可以采用什么营销策略，为什么？

3. 表3-22是某商品的相关信息，请计算该商品的绩效得分，并进一步分析应该制定怎样的站内SEO推广策略。

表3-22 某商品相关信息

商品名称	库存数量/件	销售数量/件	一口价/元	人气	展现量/次	点击量/次	转化量/次	点击率	转化率	退单量/单	退单率	是否保修
裤子	84	739	4	73	14 946	3 068	54	20.53%	1.76%	5	9.26%	TRUE

4. 在一次模拟运营中，某竞争对手已占有某商品50%的市场，网店在什么情况下可以与对方设置一样的关键词，在什么情况下更宜选择其他关键词？

5. 在一次模拟运营中，某商品已经占有50%的市场，这时网店是选择一级关键词好，还是选择长尾关键词好，为什么？

工作领域四 营销转化

思维导图

营销转化

- 营销转化原理
- 营销活动认知
- 营销活动实施操作流程
- 营销活动策划与实施
  - 活动营销
  - 视觉营销
  - 客户服务
- 营销活动效果分析与优化
  - 活动营销效果分析
  - 营销活动优化

任务一　营销活动策划与实施

任务目标

- 能够根据网店运营需求，制定并实施可行的网店活动营销策略，有效增加网店的转化量。
- 能够根据网店运营需求，制定并实施可行的视觉营销策略，有效增加网店的转化量。
- 能够根据网店运营需求，制定并实施可行的服务策略，有效增加网店的转化量。

任务背景

流量是网店运营的基础，转化是网店运营的核心。晓东已经通过SEO、SEM推广等方式进行了流量获取操作，现在需要做的是通过团购、秒杀、套餐、促销等活动营销，以及视觉营销和网店服务三个方面来提升网店营销转化率。

任务分析

提升网店营销转化率是一个整体的运营工作，营销活动是提升营销转化率的主要手段。网店经营者需要根据前期制定的站内外推广策略以及推广效果，制定相关营销活动策略并实施，这样才能让自己的商品能够保持畅销。

任务操作

一、活动营销

（一）团购

根据经营需求，卖家需要组织针对某种商品的团购活动，以此来吸引犹豫不定人群的购买需求，增加网店人气和商品人气。请将对团购活动的认知填入表4-1中。

表4-1　团购活动认知

团购目的	
团购价格	
目标人群	
卖家收益	

店长对团购活动的规则有一定认知和了解后，就要根据网店经营转化需要，制订团购活动计划，请将团购活动计划填入表4-2中。

表 4-2　团购活动计划

活动目的	商品类目	商品名称	最少购买数量	团购折扣	毛利率

注：活动目的可以写引流款、利润款、活动款等。

操作步骤 1：在团购环节单击“添加”，弹出“修改团购信息”窗口，填写团购基本信息，单击“保存”完成新团购的添加操作，如图 4-1 所示。

图 4-1　添加新团购

操作步骤 2：对于已经添加的团购项目，可以进行添加、删除、下架、上架操作，如图 4-2 所示。

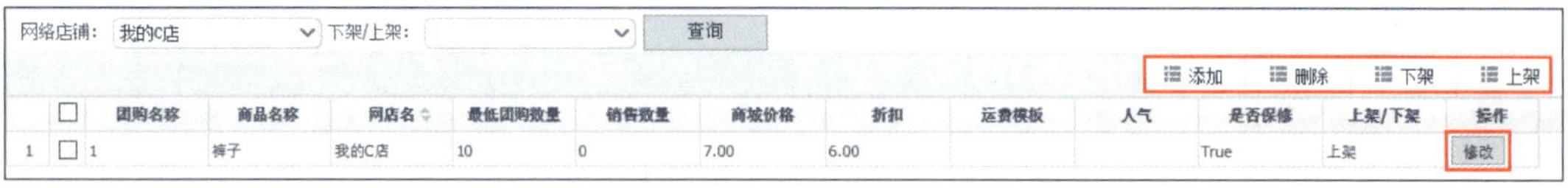

图 4-2　团购的添加、删除、下架、上架操作

完成本期操作后，网店运营者应对本期的团购活动完成情况进行分析。

（二）秒杀

根据经营需求，卖家发布若干件五折商品，用来吸引买家抢购，迅速增加网店人气和商品人气。请将对秒杀活动的认知填入表 4-3 中。

表 4-3　秒杀活动认知

秒杀目的	
秒杀价格	
目标人群	
卖家收益	

店长对秒杀活动的规则有一定的认知和了解后，根据网店运营需要制订秒杀活动计划，请将秒杀活动计划填入表 4-4 中。

表 4-4　秒杀活动计划

活动目的	商品类目	商品名称	活动数量	一口价（五折）	毛利率

注：活动目的可以写引流款、利润款、活动款等。

操作步骤：选中相应的商品，然后单击“开启秒杀”或者“结束秒杀”按钮，完成秒杀活动操作，如图 4-3 所示。

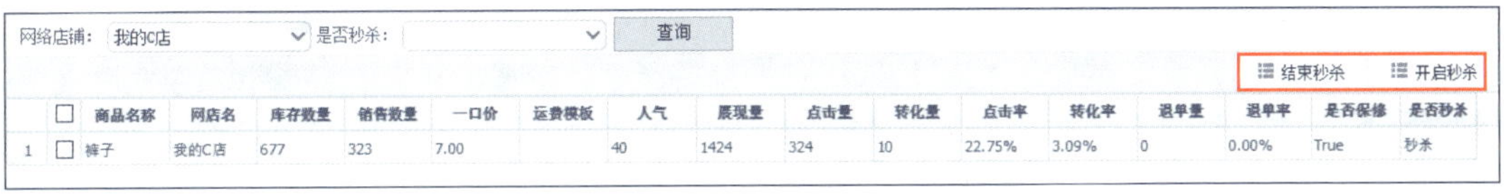

网络店铺：我的C店　是否秒杀：　查询

结束秒杀　开启秒杀

		商品名称	网店名	库存数量	销售数量	一口价	运费模板	人气	展现量	点击量	转化量	点击率	转化率	退单量	退单率	是否保修	是否秒杀
1	☐	裤子	我的C店	677	323	7.00		40	1424	324	10	22.75%	3.09%	0	0.00%	True	秒杀

图 4-3　结束或开启秒杀活动

（三）套餐

根据经营需求，卖家对多种商品进行组合搭配销售，用来吸引买家抢购，提升网店人气和商品人气。试将对套餐活动的认知填入表 4-5 中。

表 4-5　套餐活动认知

套餐目的	
套餐价格	
套餐数量	
目标人群	
卖家收益	

对套餐活动的规则有一定的认知和了解后，网店运营者可根据网店经营转化需要，制订套餐活动计划，请将套餐活动计划填入表 4-6 中。

表 4-6　套餐活动计划

活动目的	商品类目	商品名称	活动价格	套餐数量	物流选择	售后选择	毛利率

注：活动目的可以写引流款、利润款、活动款等。

操作步骤 1：单击“添加新套餐”，即可弹出“添加新套餐”窗口，按要求填写套餐基本信息，单击“保存”完成操作，如图 4-4 所示。

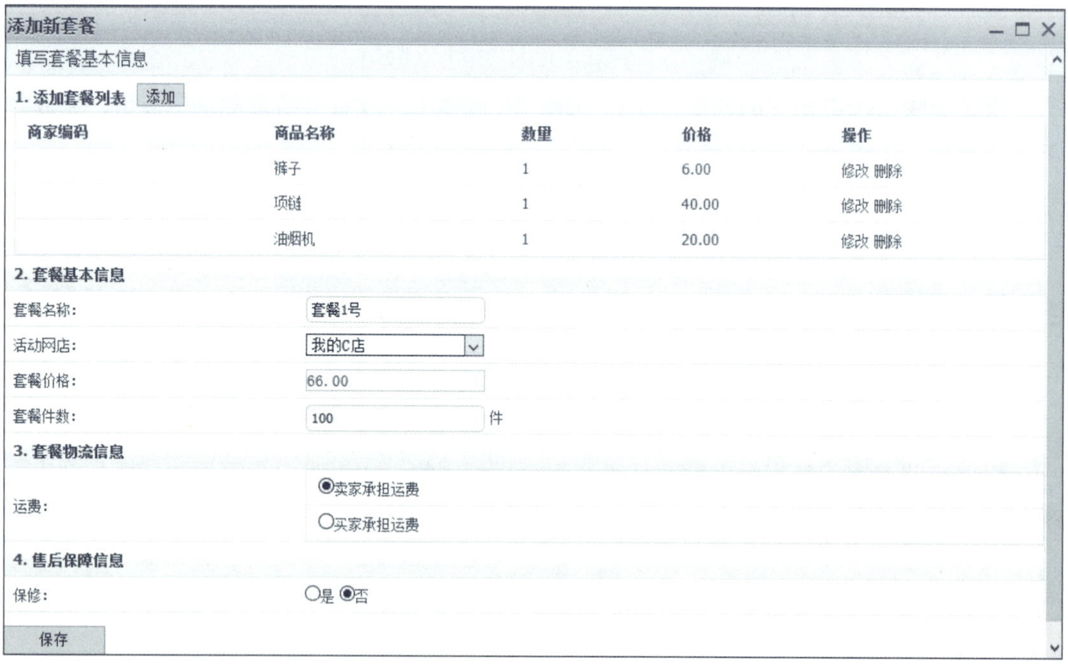

添加新套餐

填写套餐基本信息

1. 添加套餐列表　添加

商家编码	商品名称	数量	价格	操作
	裤子	1	6.00	修改 删除
	项链	1	40.00	修改 删除
	油烟机	1	20.00	修改 删除

2. 套餐基本信息

套餐名称：套餐1号

活动网店：我的C店

套餐价格：66.00

套餐件数：100 件

3. 套餐物流信息

运费：◉卖家承担运费　○买家承担运费

4. 售后保障信息

保修：○是 ◉否

保存

图 4-4　添加套餐

操作步骤 2：对于添加好的套餐可以进行添加新套餐、上架、下架操作，如图 4-5 所示。

套餐　规则说明　经营状态　设计时　第 1 轮第 1 期

网络店铺：我的C店　下架/上架：　查询

添加新套餐　下架　上架

□	套餐名称	网店名	库存数量	销售数量	套餐价格	运费模板	人气	是否保修	上架/下架	操作

图 4-5　套餐添加新套餐、下架、上架操作

（四）促销

网店运营推广高级实训系统中设计了 3 种商品促销的方式可供选择，根据运营需求，卖家对某种或某几种商品进行满就送促销、多买折扣促销、买第几件折扣促销，用来吸引买家抢购，提升网店人气和商品人气。

1. 满就送促销

卖家可以根据经营需求设定活动范围，选择参加活动的商品，只要买家正常购买时的成交总金额达到设定的金额，就可以享受返现金的优惠活动。请将对满就送促销活动的认知填入表 4-7 中。

表 4-7　对满就送促销活动的认知

购买方式	
成交金额计算方式	

对满就送促销活动的规则有一定的认知和了解后，网店运营者可根据网店经营转化的需要，制订满就送促销活动计划，请将满就送促销活动计划填入表 4-8 中。

表 4-8　满就送促销活动计划

促销名称	活动限制	商品范围	金额要求	优惠金额

操作步骤 1：单击“添加”，然后填写买就返现金的基本信息，单击“保存”完成操作，如图 4-6 所示。

图 4-6　添加满就送促销信息

操作步骤 2：网店运营者可以对已经添加的满就送活动商品进行添加、删除或者修改操作，如图 4-7 所示。

图 4-7　添加、删除、修改满就送促销信息

2. 多买折扣促销

卖家可以根据经营需求设定活动范围，选择参加活动的商品。当顾客一次性正常购买数量达到设定数量时，促销后成交的总金额全部按折扣后金额付款。请将对多买折扣促销活动的认知填入表 4-9 中。

表 4-9　多买折扣促销活动认知

购买方式	
成交金额计算方式	

对多买折扣促销活动的规则有一定的认知和了解后，网店运营者应根据网店经营转化需要，制订多买折扣促销的活动计划，请将多买折扣促销活动计划填入表 4-10 中。

表 4-10　多买折扣促销活动计划

促销名称	活动限制	商品范围	最少购买件数	享受折扣

操作步骤 1： 单击“添加促销信息”，在新弹出的窗口填写多买享受折扣基本信息，单击“保存”按钮完成操作，如图 4-8 所示。

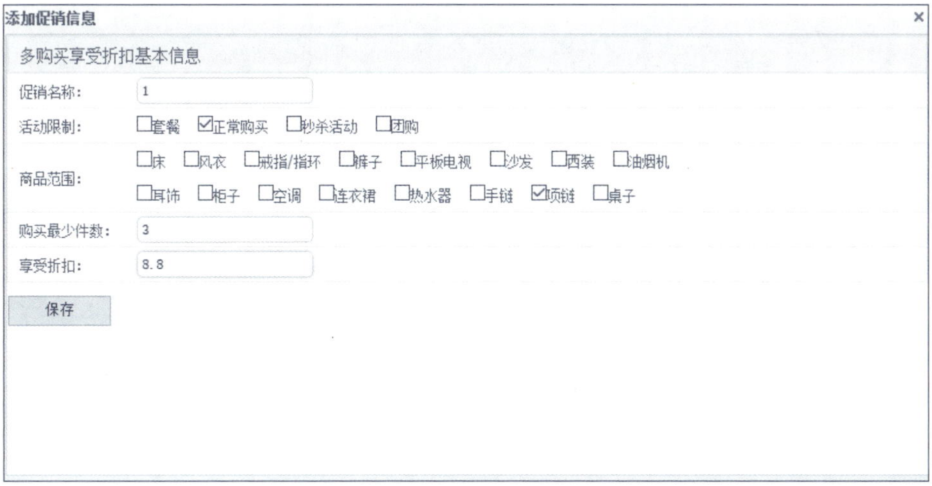

图 4-8　添加多买折扣促销信息

操作步骤 2： 可以对已经添加的多买享受折扣商品进行添加、删除或者修改操作，如图 4-9 所示。

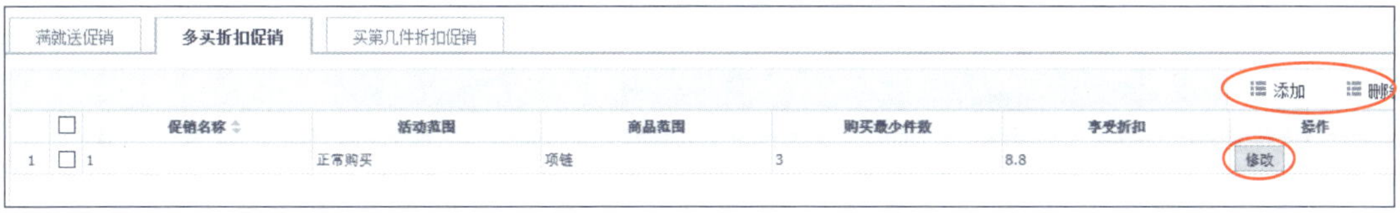

图 4-9　添加、删除、修改多买折扣促销信息

3. 购买第几件折扣促销

卖家可以根据经营需求设定活动范围，选择参加活动的商品，设定一个购买第几件折扣数，当购买的商品数量达到此数量时，本件商品即享受优惠折扣，下一件商品再重新计数，以此类推。请将对购买第几件折扣活动的认知填入表 4-11 中。

表 4-11　购买第几件折扣活动认知

购买方式	
成交金额计算方式	

店长对购买第几件折扣促销的活动规则有一定的认知和了解后，根据网店经营转化需要，制订买第几件折扣促销的活动计划，请将购买第几件折扣促销活动计划填入表 4-12 中。

表 4-12　购买第几件折扣促销活动计划

促销名称	活动限制	商品范围	第几件次	折扣

操作步骤 1：单击“添加”，在新弹出的窗口中填写第几件折扣基本信息，单击“保存”按钮完成操作，如图 4-10 所示。

操作步骤 2：可以对已经添加的第几件折扣商品进行添加、删除或者修改操作，如图 4-11 所示。

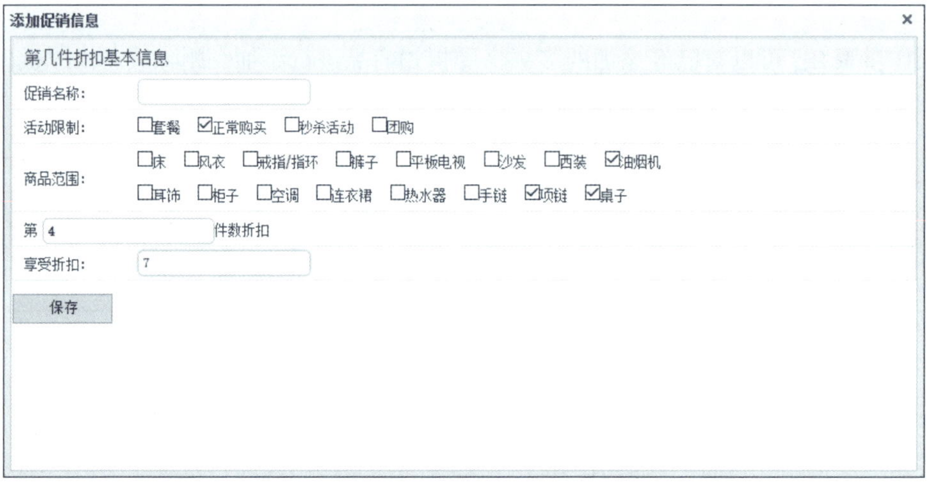

图 4-10　添加第几件折扣促销信息

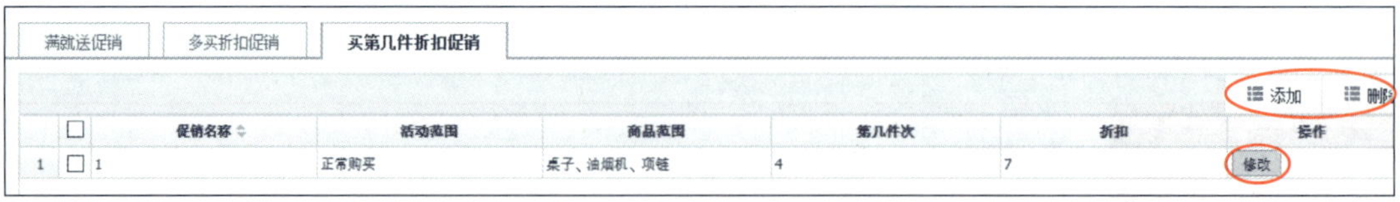

图 4-11　添加、删除、修改第几件折扣促销信息

二、视觉营销

视觉营销是指利用色彩、图像、文字等造成的冲击力来吸引潜在客户的关注，由此提升商品和网店的吸引力，从而达到营销的效果。

与实体店相比，网店最大的劣势在于消费者不能现场看到并体验商品实物，只能看到商品的图片或视频，而图片或视频的制作效果会直接影响消费者的购买欲望和购买行动，因此，网店装修就显得尤为重要。

网店装修分为简装修、普通装修及精装修，每种装修费用及获得的视觉值不同。根据经营需求，每期都可以对网店进行装修，卖家可以根据需要对网店进行适当装修。在进行网店装修时，要考虑两个因素：装修费用和视觉值。

在进行网店装修前，需要先制订网店装修计划，请将网店装修计划填入表 4–13 中。

表 4–13　网店装修计划

运营周期	装修风格	装修费用	视觉值	影响何种人群成交

操作步骤 1：单击经营流程下的“网店装修”部分，单击选择需要装修的网店，单击“网店装修”按钮，进入网店装修类型选择的界面，如图 4–12 所示。

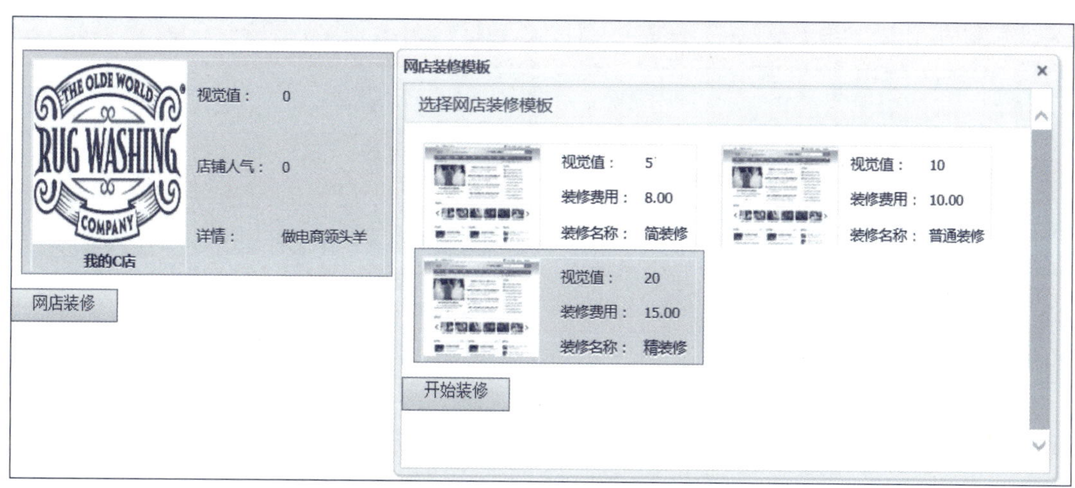

图 4–12　网店装修

操作步骤 2：在弹出的“网店装修模板”窗口，选中需要的网店装修模板，单击“开始装修”按钮，完成操作。

三、客户服务

商品质量很重要，客户服务更不能轻视。可以说，在出售同样商品的情况下，网店开始比拼客户服务了，客服决定了网店的生存。网店运营推广高级评价系统侧重于网店运营，网店服务主要在于消费者保障方面。消费者保障服务主要体现在物流服务和售后保障两个方面。

（一）物流服务

物流服务会在很大程度上影响网店的转化率。例如，包邮的商品会更受消费者的青睐。又如，顺丰包邮、货到付款的商品也会让消费者更容易下单。网店运营推广高级实训系统提供三种物流服务，分别是平邮、EMS 和蚂蚁快递，请将对物流服务的基本认知填入表 4–14 中。

表 4–14　物流服务基本认知

物流方式	运输周期	距离	数量	单位运价	单件加价	总运费
平邮		同城	5			
EMS		同城	6			
蚂蚁快递		同城	7			

在本任务的执行过程中，需要用到如表 4–15 和表 4–16 所示的信息。

表 4–15　订单详细信息表

配送中心	出库城市	到达城市	到货期限	销售额	要求物流	运费	受订时间

表 4-16　配送中心信息表

商品名称	配送中心	库存数量	平均进价	总成本

操作步骤 1：单击经营流程下的“配送中心设立”环节，单击“设置配送区域”按钮，设置配送区域和物流公司，选择好后，单击“设置”按钮，完成操作，如图 4-13 所示。

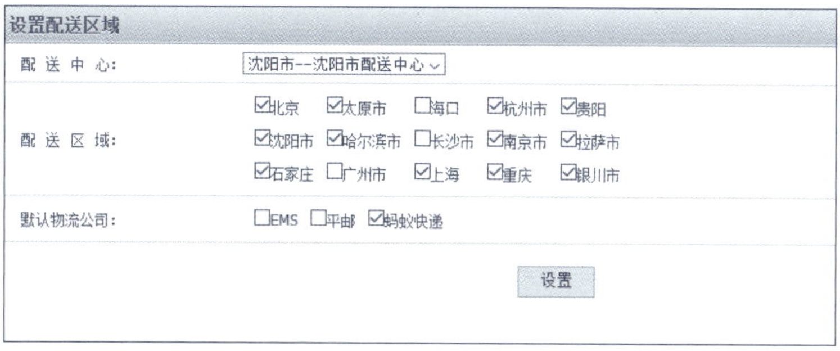

图 4-13　设置配送区域

操作步骤 2：单击经营流程下的“物流选择”环节，可以进行订单统计查询、配送中心信息查询、安排物流等操作，如图 4-14 所示。

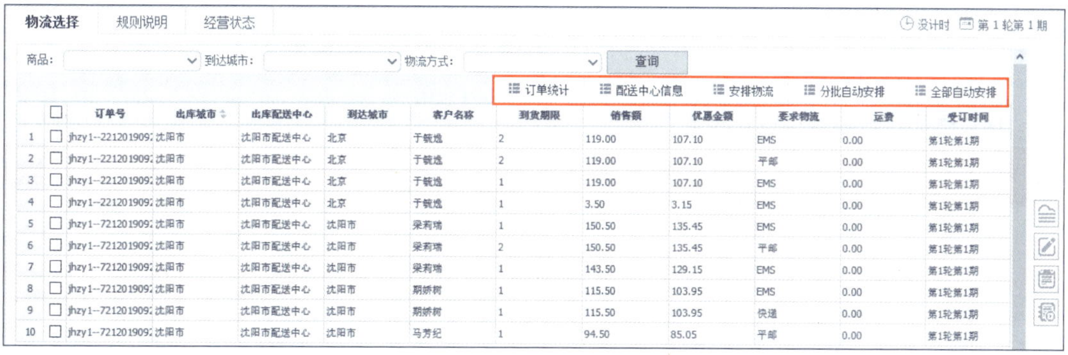

图 4-14　物流选择操作界面

操作步骤 3：可以选择相应的订单进行物流安排。

物流方式选择分为手动安排和自动安排两种。手动安排需要卖家为每张订单手动选择运输货物的物流方式，如图 4-15 所示；自动安排是按照配送中心已设定好的物流方式自动安排物流方式（参考第一步的设置环节），如图 4-16 所示，自动安排可以选择分批自动安排和全部自动安排。

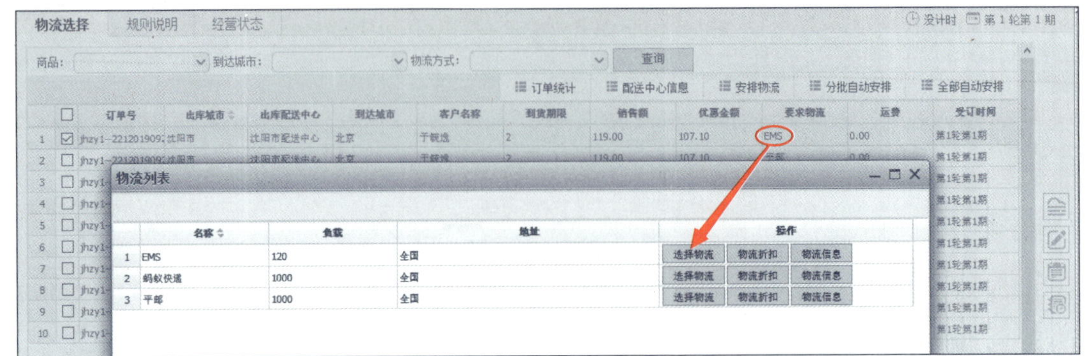

图 4-15　手动安排物流方式

物流选择　规则说明　经营状态　没计时　第 1 轮第 1 期

商品：　到达城市：　物流方式：　查询

订单统计　配送中心信息　安排物流　分批自动安排　全部自动安排

	订单号	出库城市	出库配送中心	到达城市	客户名称	到货期限	销售额	优惠金额	要求物流	运费	受订时间
1	jhzy1--2212019092	沈阳市	沈阳市配送中心	北京	于毓逸	2	119.00	107.10	平邮	0.00	第1轮第1期
2	jhzy1--2212019092	沈阳市	沈阳市配送中心	北京	于毓逸	1	119.00	107.10	EMS	0.00	第1轮第1期
3	jhzy1--2212019092	沈阳市	沈阳市配送中心	北京	于毓逸	1	3.50	3.15	EMS	0.00	第1轮第1期
4	jhzy1--7212019092	沈阳市	沈阳市配送中心	沈阳市	梁莉瑞	1	150.50	135.45	EMS	0.00	第1轮第1期
5	jhzy1--7212019092	沈阳市	沈阳市配送中心	沈阳市	梁莉瑞	2	150.50	135.45	平邮	0.00	第1轮第1期
6	jhzy1--7212019092	沈阳市	沈阳市配送中心	沈阳市	梁莉瑞	1	143.50	129.15	EMS	0.00	第1轮第1期
7	jhzy1--7212019092	沈阳市	沈阳市配送中心	沈阳市	期娇树	1	115.50	103.95	EMS	0.00	第1轮第1期
8	jhzy1--7212019092	沈阳市	沈阳市配送中心	沈阳市	期娇树	1	115.50	103.95	快递	0.00	第1轮第1期
9	jhzy1--7212019092	沈阳市	沈阳市配送中心	沈阳市	马芳纪	1	94.50	85.05	平邮	0.00	第1轮第1期

图 4-16　自动安排物流方式

（二）售后保障

网店运营推广高级实训系统提供的售后保障服务指的是商品保修服务。通过保修可以给消费者带来更多的信心，增强购买欲望，达到提高转化率的目的，也就是会影响商品绩效和对保修有要求的人群成交。请将售后服务对人群成交的影响填入表 4-17 中。

表 4-17　售后服务对人群成交的影响

影响人群	表现形式

操作步骤：单击经营流程下的“商品发布”环节，然后进入“修改商品信息”界面，按网店实际需要对相关商品设置售后保障信息（如果需要售后保障服务，那么在“保修”栏目中选择“是”），填写完整后单击“发布”按钮，完成操作，如图 4-17 所示。

修改商品信息

填写商品基本信息

1. 商品基本信息

商品名称：　裤子

店铺名称：　我的C店

一口价：　7.00

商家编码：

商品数量：　677　件 请认真填写。无货空挂，可能引起投诉与退款

2. 商品物流信息

运费：　◉卖家承担运费　○买家承担运费

EMS填0时，前台将不显示该项

3. 售后保障信息

保修：　◉是 ○否

发布

图 4-17　售后服务

与此同时，保修会产生售后服务费用，请将各商品售后服务费用信息填入表 4-18 中。

表 4-18　各商品售后服务费用信息

商品名称	售后服务费（每件）

任务思考

1. 卖家正常购买商品 A 的一口价为 5 元，物流运费为 2 元。卖家提供套餐为商品 A 的单价是 4 元，商品 B 的单价是 3 元，套餐物流运费为 2 元。B 商品在当地商品一口价是

4 元。某买家欲购买商品 A，则商品 A 为引流商品。请判断卖家推出的套餐（商品 A、商品 B）是否能成交？

2. 某期裤子商品一口价为 5 元，商品件数为 4 件，总物流运费为 4 件，满 20 元送 3 元，请计算成交金额。

3. 某期裤子商品一口价为 5 元，商品件数为 4 件，总物流运费为 4 元，买 4 件打 8 折，请计算成交金额。

4. 某期裤子商品一口价为 5 元，商品件数为 4 件，总运费为 4 元，第三件打 5 折，请计算成交金额。

5. 视觉值的高低主要看综合评价指数，在网店运营过程中，可以通过提升视觉值来提高综合评价指数，从而影响综合人群成交。请认真思考，如果某网店第一轮第一期采用的是普通装修，第一轮第二期采用的是精装修，请问一共要支出多少装修费？第一轮结束后网店拥有多少视觉值？

6. 物流方式选择分为手动安排和自动安排两种，自动安排可以选择分批自动安排或者全部自动安排，思考三者各自的优缺点，完成表 4-19。

表 4-19 物流服务安排

物流安排方式	优势	劣势
手动安排		
分批自动安排		
全部自动安排		

7. 卖家在第一轮第一期卖给 A 买家 15 串项链（同一张订单，且设置保修服务），请问卖家对这批商品何时开始交纳售后服务费，一共交纳多少费用？请完成表 4-20 的填写。

表 4-20　售后服务费计算

商品名称	订单数量	商品数量	缴费期数	缴费金额
项链				

任务二　营销活动效果分析与优化

任务目标

- 能够对网店内活动营销策略效果进行分析，并根据分析结果优化网店内活动营销策略，提高网店的转化率。
- 能够对视觉营销策略效果进行分析，并根据分析结果优化视觉营销策略，提高网店的转化率。
- 能够对客户服务策略进行分析，并根据分析结果优化服务策略，提高网店的转化率。

任务背景

晓东已经通过团购、秒杀、套餐、促销等活动营销，以及视觉营销和网店服务三个方面的操作来设法提升网店的营销转化率，现在需要做的是通过转化效果数据的分析优化营销活动，进一步提升转化率。

任务分析

提升网店营销转化率贯穿整个商品的销售周期。晓东需要在这个周期内基于商品销售情况不断调整营销活动方案，连续周期性地优化，实现网店转化率的有效提升。

任务操作

市场占有率分析

一、活动营销效果分析

网店运营推广本质上要注重两点，一个是流量，二是转化率。这两点涵盖了电子商务在互联网流通环节上的本质。很多人觉得，我有好的货源，有价格优势，但为什么就是卖不上去？原因就在于没有真正掌握这两点本质。工作领域三介绍了如何获取流量，有了流量，就要考虑转化率问题了。这就像把顾客领进你的店里，但有多少人会购买呢？如果说流量是靠“外功”的话，转化率靠的就是“内功”了。

（一）活动营销转化原理

1. 活动营销转化原理

网店通过站内、站外推广引流，即四类人群通过 SEO、SEM 推广引流，或者通过站外推广方式进入成交环节。请将品牌人群、低价人群、综合人群、犹豫不定人群的买家撮合原理分别填入表 4-21~ 表 4-24 中。

表 4-21　品牌人群买家撮合原理

活动类型	品牌人群参与活动的原则	收益	
		网店人气	商品人气
团购			
秒杀			
促销			
套餐			

表 4-22　低价人群买家撮合原理

活动类型	低价人群参与活动的原则	收益	
		网店人气	商品人气
团购			
秒杀			
促销			
套餐			

表 4-23　综合人群买家撮合原理

活动类型	综合人群参与活动的原则	收益	
		网店人气	商品人气
团购			
秒杀			
促销			
套餐			

表 4-24　犹豫不定人群买家撮合原理

活动类型	犹豫不定人群参与活动的原则	收益	
		网店人气	商品人气
团购			
秒杀			
促销			
套餐			

2. 视觉营销转化原理

在视觉营销中，视觉是手段，营销是目的，即视觉以营销为目的和出发点，营销则是通过各种视觉展现手段来实现的。具体来说，视觉营销是将展示技术和视觉呈现技术与商品营销理论相结合，旨在通过增强消费者的视觉感受促进销售。在这里将视觉营销简化了，主要体现在网店装修部分，而网店装修效果是通过视觉值来呈现的，视觉值的高低主要影响综合评价指数。综合评价指数又是影响综合人群成交指数的关键因素，因此，视觉值会影响综合人群的成交。

3. 客户服务销售转化原理

客户服务主要是售后服务，分为售后保障和物流服务。在品牌人群、低价人群和综合人群中，每个买家有15%左右的概率需要售后服务。网店在发布商品时，如果选择对商品提供良好的售后服务，就会提高网店商品出售的概率。

卖家将已经指定配送中心的订单进行整理和分类，根据订单的到货期限，选择适当的物流方式，合理安排商品出库。商品在到货期限或之前送达签收，既可以提高资金回笼的速度，也可以避免订单违约。

（二）营销活动效果分析

每一次营销活动结束后，都需要对本次活动进行评估与总结，既能了解本次活动的效果，也能为下一次活动提供经验，以便更好地进行下一次活动。营销活动效果分析可以从营销活动销售额分析和四类人群市场占有率分析两个方面来进行。

1. 营销活动销售额分析

营销活动销售额分析，分别统计订单类型、到达城市、到货期限、销售额、优惠金额、要求物流、受订时间和消费人群。通过以上指标，统计商品在活动中的销售情况，分析商品的整体销售情况，以指导下一次营销活动的选品、采购与活动策划等，请将营销活动效果评估情况填入表4-25中，将通过营销活动获得的订单统计情况填入表4-26中。

表4-25　营销活动效果评估表

订单类型	到达城市	到货期限	销售额	优惠金额	要求物流	受订时间	消费人群

表4-26　订单统计表

商品名称	城市名称	合计数量	平均价格	合计金额

2. 四类人群市场占有率分析

四类人群市场占有率分析分别从运营周期、商品、订单类型占比等方面进行考量。通过以上指标，统计商品在各类型人群中的销售情况，分析营销活动的整体销售情况，以指导下一次营销活动方式的调整。请将四类人群市场占有率情况填入表 4-27 中。

表 4-27　四类人群市场占有率情况分析表

运营周期	商品	品牌人群市场占有率	低价人群市场占有率	综合人群市场占有率	犹豫人群市场占有率

请将品牌人群、低价人群、综合人群、犹豫人群的市场订单来源分析情况分别填入表 4-28~ 表 4-31 中。

表 4-28　品牌人群市场订单来源分析表

运营周期	商品	订单来源	数量	价格	市场剩余

表 4-29　低价人群市场订单来源分析表

运营周期	商品	订单来源	数量	价格	市场剩余

表 4-30　综合人群市场订单来源分析表

运营周期	商品	订单来源	数量	价格	市场剩余

表 4-31　犹豫人群市场订单来源分析表

运营周期	商品	订单来源	数量	价格	市场剩余

表 4-32 显示的是第一轮第一期网店运营过程中项链市场占有率，根据表格里现有数量填写表格余下空格部分。

表 4-32　第一期项链市场占有率分析

组号	人群	数量	占比	市场总量	市场剩余
A5	低价	18	40%	45	
A11		18			
A2	综合	6			
A3		8	25%		
A6		12			
A9			18.8%		
A3	犹豫	7	21.2%		33
A6		14			

二、营销活动优化

网店获取了流量后，采取一系列活动营销手段，并针对活动进行了总结分析。接下来，网店想要进一步提升转化率，主要任务集中在活动营销优化、视觉营销优化和客服服务优化三个方面。

（一）活动营销优化

活动营销是提高网店转化率与客单价的有效方式，常见的活动营销工具有团购、秒杀、促销（满就送、多买折后、买第几件折扣）和套餐。活动营销优化可以从选择参加活动的商品、制定活动营销方案和分析活动营销效果三个维度进行分析。

1. 选择参加活动的商品

商品只有获得 SEO、SEM 推广或站外推广流量，才有可能完成转化和成交。因此，要想提高转化率，对活动营销商品的选择就格外重要。那么，该如何选择参加活动营销的商品呢？

（1）分析竞争对手商品信息。买家在搜索各商品时，同类商品的价格高低会影响商品转化率。所以，在运营过程中，要关注竞争对手的商品价格设置情况，以便通过优化活动营销商品的价格来提高转化率。请分析商城中竞争对手商品的一口价信息，并将其填入表 4-33 中。

表 4-33　商城竞争对手商品一口价信息

竞争对手				
交易额度				
订单量				
人气				
视觉值				
	商品名称	商品数量	物流信息	售后保障
	商品名称	商品数量	物流信息	售后保障
商品一口价	商品名称	商品数量	物流信息	售后保障
	商品名称	商品数量	物流信息	售后保障
	商品名称	商品数量	物流信息	售后保障
	商品名称	商品数量	物流信息	售后保障
	商品名称	商品数量	物流信息	售后保障
	商品名称	商品数量	物流信息	售后保障
	商品名称	商品数量	物流信息	售后保障
	商品名称	商品数量	物流信息	售后保障
	商品名称	商品数量	物流信息	售后保障

（2）分析竞争对手的销售状况及活动营销方式。分析竞争对手上报的活动营销商品，分析其采用了哪些利益点吸引买家下单，将竞争对手活动营销的情况填入表 4-34 中。

表 4-34　商城竞争对手活动营销情况分析

<table>
<tr><td>竞争对手</td><td colspan="5"></td></tr>
<tr><td rowspan="12">活动营销</td><td rowspan="2">套餐</td><td>价格</td><td>数量</td><td colspan="2">商品</td></tr>
<tr><td></td><td></td><td colspan="2"></td></tr>
<tr><td rowspan="2">买就返现金</td><td>活动范围</td><td>商品范围</td><td>金额要求</td><td>优惠金额</td></tr>
<tr><td></td><td></td><td></td><td></td></tr>
<tr><td rowspan="2">多买折扣</td><td>活动范围</td><td>商品范围</td><td>最少件数</td><td>折扣</td></tr>
<tr><td></td><td></td><td></td><td></td></tr>
<tr><td rowspan="2">第几件折扣</td><td>活动范围</td><td>商品范围</td><td>第几件次</td><td>折扣额度</td></tr>
<tr><td></td><td></td><td></td><td></td></tr>
<tr><td rowspan="2">团购</td><td>最低数量</td><td>商品范围</td><td>商场价格</td><td>折扣</td></tr>
<tr><td></td><td></td><td></td><td></td></tr>
<tr><td rowspan="2">秒杀</td><td colspan="2">商品</td><td colspan="2">是否秒杀</td></tr>
<tr><td colspan="2"></td><td colspan="2"></td></tr>
</table>

（3）制订活动营销商品优化计划。网店主推商品的选品要根据数据魔方提供的商品价格和数量等信息，通过进店关键词查看近期商品的关键词点击和转化情况，结合网店运营目标，合理选择活动营销商品，请将活动营销商品优化计划填入表 4-35 中。

表 4-35　活动营销商品优化计划

活动类型	活动营销商品选择	活动目的	
		获利	市场占有率
团购			
秒杀			
促销			
套餐			

2. 制定活动营销方案

（1）分析促销时机。促销时机是分阶段进行的，商品刚刚上架销售的时候，需要以较低的价格来吸引买家。等积累到一定订单量（企业信誉度）、人气、商品评价时，就可以提高价格来售卖。当商品进入衰退期时，就可以开展消化库存、降低利润等促销活动。

（2）调整活动营销商品价格及优惠。网店之间的经营竞争越来越激烈，卖家都想方设法地提高自己网店商品的销量。那么，就需要明确活动营销的目的，调整商品一口价及优惠力度，从而提高网店的转化率。请将不同运营周期营销活动中商品价格的调整情况填入表 4-36 中。

4

表 4-36　不同时期营销活动商品价格调整记录表

运营周期	活动类型	商品	旧价格	旧优惠	新价格	新优惠
1-1						
1-2						
2-1						
2-2						
3-1						
3-2						
4-1						
4-2						

3. 分析活动营销效果

（1）分析售罄率。售罄率是指一定时间段内某种商品的销售量占总进货量的比率，是衡量活动营销进行到什么程度才能收回销售成本和费用的一个考核指标。对比相同周期内不同商品的售罄率，并将其填入表 4-37 中。

表 4-37　商品售罄率分析

运营周期	商品	采购数量	销售数量	售罄率（销售量 / 总进货量）

（2）分析毛利。根据网店各运营周期内商品的销售额、采购成本、推广费用、物流费用等，计算出活动毛利，将商品毛利分析情况填入表 4-38 中。

表 4-38　商品毛利分析

运营周期	商品	销售额	采购成本	推广费用	物流费用	毛利

（3）分析市场占有率。网店参加活动营销的目的是让更多的买家产生购买，提高网店在四类人群中的市场占有率。

（二）视觉营销优化

根据经营需求，每期可以对网店进行装修，卖家根据需要对网店进行适当装修，以提升网店的视觉值。通过“企业信息”可以查询到本网店的视觉值及所有网店的视觉值总和。如果本网店视觉值占所有网店视觉值之和的10%，说明网店得到了市场视觉值的平均分；如果大于10%，说明网店装修处于领先地位，有助于提升综合评价指数，进而促进综合人群的成交；如果小于10%，说明网店装修处于落后地位，应该通过精装修来提升网店视觉值。

（三）客户服务优化

1. 物流优化

网店运营推广高级评价系统提供三种物流服务，分别是平邮、EMS和蚂蚁快递。每张订单都会设置物流方式和到货期限，网店提供的物流服务首先要满足买家的订单要求，准时交单。

（1）资金周转率优化。在要求的到货期限内到达的订单，买家会直接签收，签收后货款直接到账；网店可为买家升级物流服务，缩短物流到达时间，提前将商品送达买家，这样就可以加快资金的回笼速度。

（2）企业信誉度优化。如果未在订单要求的到货期限之前到货，买家将拒绝签收，商品会被退回，此种情况下的运费由卖方承担，并且会影响卖家的信誉度；如果在买家要求的到货期限满后仍未发货，会对卖家的信誉度造成更大的影响。

企业信誉度主要影响综合人群成交指数，进而影响卖家在订单交易过程中获得的综合人群订单的概率。设违约订单数为 n，则：

$$企业信誉度=1\times 履约订单数-\sum[i=0,\ n]$$

准时签收订单可以提高企业信誉度，违约则会降低企业信誉度。

（3）商品评价优化。如果未在订单要求到货期限之前到货，买家将拒绝签收，客户将退货，物流费用由卖方承担，并影响卖家的商品评价；如果在买家要求的到货期限满后仍未发货，会对卖家的商品评价造成更大的影响。

商品评价主要影响品牌人群成交指数和综合人群成交指数，进而影响卖家在订单交易过程中获得品牌人群订单和综合人群订单的概率。

（4）节省物流费用。网店对产生的订单应该分类整理，根据买家所在的城市，选择最近的配送中心配送商品，以缩短物流距离，节省物流费用。

2. 售后服务优化

（1）提高网店商品销售成交概率。在品牌人群、低价人群和综合人群中，顾客有15%左右的概率需要售后服务。网店在发布商品时，如果选择对商品进行售后服务，那么会提高网店商品成交的概率。

（2）提高绩效分。保修可以提升商品绩效分，如果商品选择保修，就可以增加10分绩效分。

任务思考

1. 请谈谈物流服务优化过程中应该注意哪些问题。

______

______

______

2. 某企业有两家网店，一家 B 网店视觉值为 45，一家 C 网店视觉值为 65，请计算该企业的综合视觉值是多少。

______

______

______

工作领域五

订单管理与财务处理

思维导图

订单管理与财务处理

- 订单分发策略
- 物流方式选择的影响因素
- 财务处理的相关理论
- 订单分发
  - 分发方式选择
  - 分发策略选择
- 货物出库
  - 货物出库
  - 出库顺序选择
- 货物签收
  - 确认签收
  - 结束签收
- 财务处理
  - 应收账款/应付账款
  - 融资管理
  - 费用管理
  - 缴税

任务一　订单分发

任务目标

- 能够根据网店运营实际情况选择合适的订单分发方式。
- 能够根据到货期限和库存情况制定订单分发策略。

任务背景

站外推广结束后，网店运营推广高级实训系统进入订单分发环节。订单分发是指网店将本期获得的订单进行整理、分类后，根据订单中商品的到达目的地，选择适当的配送中心准备货物出库。如果本期商品预售情况良好而使商品库存不足，就需要手动选择部分订单优先发出，以确保商品能够按时派送给买家，从而防止违约。

任务分析

在订单分发界面，可以查看所有订单的类型、到达城市、到货期限、销售额、优惠金额、要求物流、运费、受订时间等关键信息。通过对这些信息的分析，可进行订单分发的优化，在保证没有出现违约订单的情况下实现发出订单的销售金额最大化。同时，对尚未发出订单的数量进行统计、对仓库现有商品库存及缺货商品数量进行统计，以便制订下期采购计划，及时补充相关商品。

订单处理

任务操作

一、分发方式选择

请将对订单分发方式的认知填入表 5-1 中。

表 5-1　订单分发方式认知

分发方式		配送中心选择方式	是否可调整发单顺序
手动分发			
自动分发	全部自动分发		
	分批自动分发		

二、分发策略选择

可根据到货期限和库存情况选择订单分发策略。

1. 到货期限

每个订单都有到货期限要求，分析订单到货期限对分发方式的影响因素，并将分析结果填入表 5-2 中。

表 5-2　根据到货期限选择分发方式

分发方式		到货期限为 1 期	到货期限为 2 期	到货期限为 3 期
手动分发				
自动分发	全部自动分发			
	分批自动分发			

2. 库存情况

分析商品库存情况及订单库存情况对订单分发方式的影响，将分析结果填入表 5-3 中。

表 5-3　根据库存情况选择分发方式

分发方式		库存不足	库存充足
手动分发			
自动分发	全部自动分发		
	分批自动分发		

3. 不同物流方式的选择

分析网店订单情况，将网店某轮某期订单统计情况填入表 5-4 中，将订单库存信息汇总情况填入表 5-5 中，将订单物流费用填入表 5-6 中。

表 5-4　网店某轮某期订单统计

订单号	订单类型	到达城市	客户名称	到货期限	销售额	优惠金额	要求物流	运费	受订时间

表 5-5　订单库存信息汇总分析

商品名称	库存充足	库存不足	可选择的物流方式

表 5-6　订单物流费用

订单	发货城市	到达城市	到货期限	物流方式	单位运价	单件加价	物流折扣	运费

在进行以上分析的基础上，在尽可能减少物流成本、加快资金回流的情况下，选择合适的物流方式。在选择物流方式时，除了要考虑到到货期限、库存信息、物流费用外，网店还应考虑到资金回流的速度。

操作步骤：此部分的操作都是在系统界面“运营”模块下的“订单分发”选项下进行的，如图 5-1 所示。

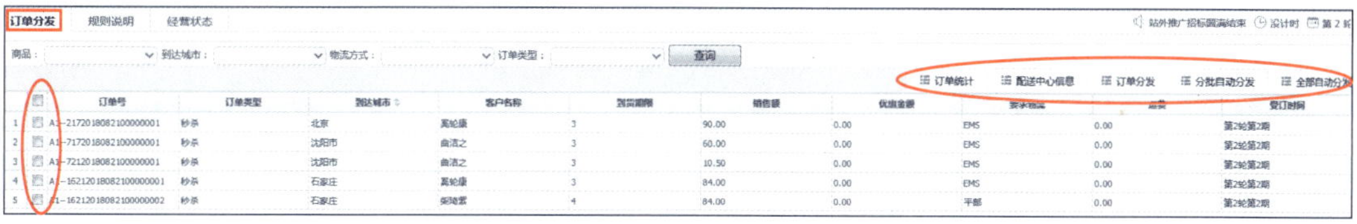

图 5-1　订单分发

任务思考

1. 请根据订单的到货期限，在你认为恰当的物流方式下面打√，将表 5-7 填写完整。

表 5-7

订单到货期限	物流方式	1 期订单可选择的物流方式	2 期订单可选择的物流方式	3 期订单可选择的物流方式
1 期	快递			
2 期	EMS			
3 期	平邮			

2. 网店获得两个购买裤子的订单，订单 1 的到货期限为 1 期、数量为 50 件，订单 2 的到货期限为 1 期、数量为 80 件。假设仓库现有裤子库存 85 件，请问网店应先发哪个订单？为什么？

____

____

____

任务二　货物出库

任务目标

- 熟悉货物出库规则。
- 能够根据订单的到达城市选择合适的配送中心发货。
- 能够根据订单的到货期限合理安排订单出库顺序。

任务背景

订单分发完成后，网店便可对设置好物流方式的订单进行货物出库操作。货物出库是指网店根据订单的到达城市、到货期限和商品库存，合理安排商品出库，以保证网店资金能够及时回流。

任务分析

在货物出库页面有订单统计、配送中心信息、分批出库、全部出库、修改出库仓库、修改物流方式等信息的查询和操作。货物出库并不是单纯地按照订单要求发出商品，而是要结合网店的商品库存、资金状况、物流费用等进行货物出库操作，具体可能会涉及分批出库、修改出库仓库和修改物流方式等操作。

任务操作

一、货物出库

根据订单的到达城市、发货物流、到货期限、受订时间等情况，合理安排商品出库。请将对出库订单情况的认知填入表5-8中。

表5-8　出库订单情况认知

订单号	仓库位置	到达城市	发货物流	到货期限	受订时间

5

若网店在两个或两个以上配送中心有某种商品的库存，且默认配送中心库存不足时，就可以进行库存调拨。请将仓库调拨情况填入表 5–9 中。

表 5–9　仓库调拨情况分析

订单号	商品	数量	发货仓库库存	到货期限	是否调拨

若网店两个或两个以上配送中心有某种商品的库存，就可以根据商品库存数量和物流成本修改出货仓库。请将同一商品不同仓库发货的物流成本比较情况填入表 5–10 中。

表 5–10　同一商品不同仓库发货物流成本比较

发货城市	商品	数量	库存数量	到达城市	物流方式	物流费用	是否设为发货仓库

操作步骤：货物出库的操作都是在“运营”模块下的“货物出库”标签下进行的，如图 5–2 所示。

图 5–2　货物出库

二、出库顺序选择

在分析货物出库顺序时，应根据订单的到货期限、订单金额、是否优先出库及网店资金情况确定出库顺序，请将相关信息填入表 5–11 中。

表 5-11 根据到货期限确定出库顺序

订单号	到货期限	订单金额	是否优先出库	网店资金情况

注：如果网店资金紧张但库存充足，可先发一批货物确认签收后再继续发货。

任务思考

1. 订单到货期限为 1 期时，晓东可选择哪种物流方式？为什么？

2. 网店获得两个购买裤子的订单，两个订单信息除了到货期限外其他信息一致，订单 1 到货期限为 1 期、数量为 80 件，订单 2 到货期限为 2 期、数量为 80 件。假设仓库现有裤子库存为 85 件，请问网店最好先发哪个订单？为什么？

3. 网店获得两个购买裤子的订单，两个订单信息除了订单金额外其他信息一致，订单 1 数量为 80 件、订单金额为 400 元，订单 2 数量为 80 件、订单金额为 480 元。假设仓库现有裤子库存为 85 件，请问网店最好先发哪个订单？为什么？

■ 任务三　货物签收

任务目标

- 能够及时进行货物签收。
- 能够顺利结束签收。

任务背景

买家收到商品后，网店需要进行货物签收。货物签收是指网店在订单要求的到货期限内对到达的订单进行的确认操作。货物签收后货款直接转到网店账户上，如果网店没有及时进行确认签收操作，即使买家收到商品，网店也无法及时收到货款。

任务分析

通常网店希望及时收到货款进行资金流转，而确认签收是保证网店资金流动的重要一环。晓东需要及时进行货物签收，资金到账后，晓东还可以继续分发因资金不足而暂停发放的订单，然后结束签收。

任务操作

一、确认签收

确认签收后货款直接到账，网店的现金流增加，增加金额为确认签收订单的金额总和。

操作步骤：此部分的操作在“运营”模块的“货物签收”标签下进行，如图 5–3 所示。

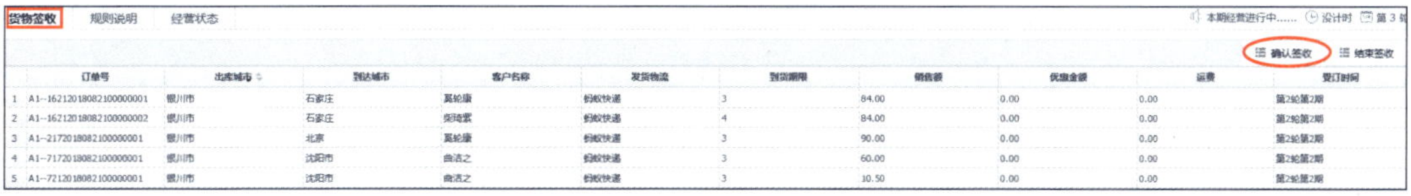

货物签收　规则说明　经营状态　　本期经营进行中……　设计时　第 3 轮

确认签收　结束签收

	订单号	出库城市	到达城市	客户名称	发货物流	到货期限	销售额	优惠金额	运费	受订时间
1	A1--162120180821000000001	银川市	石家庄	冀轮康	蚂蚁快递	3	84.00	0.00	0.00	第2轮第2期
2	A1--162120180821000000002	银川市	石家庄	柴琦霖	蚂蚁快递	4	84.00	0.00	0.00	第2轮第2期
3	A1--21720180821000000001	银川市	北京	冀轮康	蚂蚁快递	3	90.00	0.00	0.00	第2轮第2期
4	A1--71720180821000000001	银川市	沈阳市	曲洁之	蚂蚁快递	3	60.00	0.00	0.00	第2轮第2期
5	A1--72120180821000000001	银川市	沈阳市	曲洁之	蚂蚁快递	3	10.50	0.00	0.00	第2轮第2期

图 5–3　货物签收

二、结束签收

结束签收意味着运营环节的结束，一旦单击“结束签收”按钮并确定后，网店将无法签收任何订单。

5

操作步骤：此部分的操作在“运营”模块的“货物签收”标签，如图 5-4 所示。

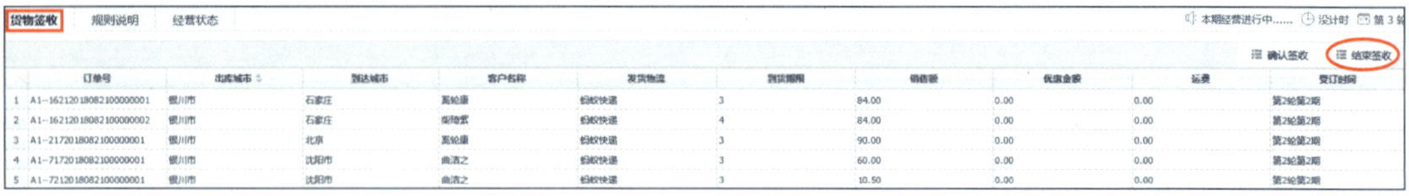

	订单号	出库城市	到达城市	客户名称	发货物流	到货期限	销售额	优惠金额	运费	受订时间
1	A1-162120180821000000001	银川市	石家庄	葛轮康	蚂蚁快递	3	84.00	0.00	0.00	第2轮第2期
2	A1-162120180821000000002	银川市	石家庄	柴晓雯	蚂蚁快递	4	84.00	0.00	0.00	第2轮第2期
3	A1-21720180821000000001	银川市	北京	葛轮康	蚂蚁快递	3	90.00	0.00	0.00	第2轮第2期
4	A1-71720180821000000001	银川市	沈阳市	曲清之	蚂蚁快递	3	60.00	0.00	0.00	第2轮第2期
5	A1-72120180821000000001	银川市	沈阳市	曲清之	蚂蚁快递	3	10.50	0.00	0.00	第2轮第2期

图 5-4　结束签收

任务思考

企业本期裤子获得 5 个 1 期订单，由于仓库货物不足，只发出 3 个订单，请问裤子的退单率为多少？

任务四　财务处理

任务目标

- 能够收取应收账款并支付应付账款。
- 能够根据网店实际运营情况进行融资管理。
- 能够计算各种融资方式的还本付息方法。
- 能够顺利支付每期费用。

任务背景

财务处理是经营网店必不可少的环节，网店无论是否获得盈利，都需要按时支付人员工资和各种相关费用。随着网店运营的展开，网店不可避免地会遇到资金问题，此时需要根据网店的实际情况采取适当的融资方式。

任务分析

财务处理是每个企业的必要环节，网店运营推广高级实训系统中财务处理主要包括应收账款 / 应付账款的支付、支付工资、支付相关费用、交税和进行融资（短期借款、长期借款和民间融资）。处理好财务问题也是网店经营管理的重要环节之一，同理，网店处理不好财务问题，网店资金断流，就会导致企业缺乏资金进行商品推广、站内推广、站外推广、货物出库等操作，网店甚至会因资金断流而破产。因此，网店应高度重视财务处理。

任务操作

一、应收账款 / 应付账款

结束签收后，网店运营推广高级实训系统中存在未确认签收的订单时就会产生应收账款；供应商提供享受账期非 0 的优惠时会产生应付账款。请将对应收账款 / 应付账款的认知填入表 5–12 中。

表 5–12　应收账款 / 应付账款认知

账期	1–2	2–2	3–2	4–2
应收账款				
应付账款				

操作步骤：在系统窗口的经营流程中，单击“财务”模块下的“应收账款 / 应付账款”选项，如图 5–5 所示。

5

应收账款/应付账款　规则说明　经营状态

本期应收账款：0

本期应付账款：0

未收应收账款明细:　没有未收的应收账款明细

未付应付账款明细:　没有未付的应付账款明细

接受/支付

图 5-5　应收账款 / 应付账款

二、融资管理

（一）短贷 / 还本付息

网店运营推广高级实训系统每期需要更新短期贷款账期，也可以还本付息或者获得新的贷款。

操作步骤：此部分的操作步骤在“财务模块”下的“短贷 / 还本付息”选项下进行，如图 5-6 所示。

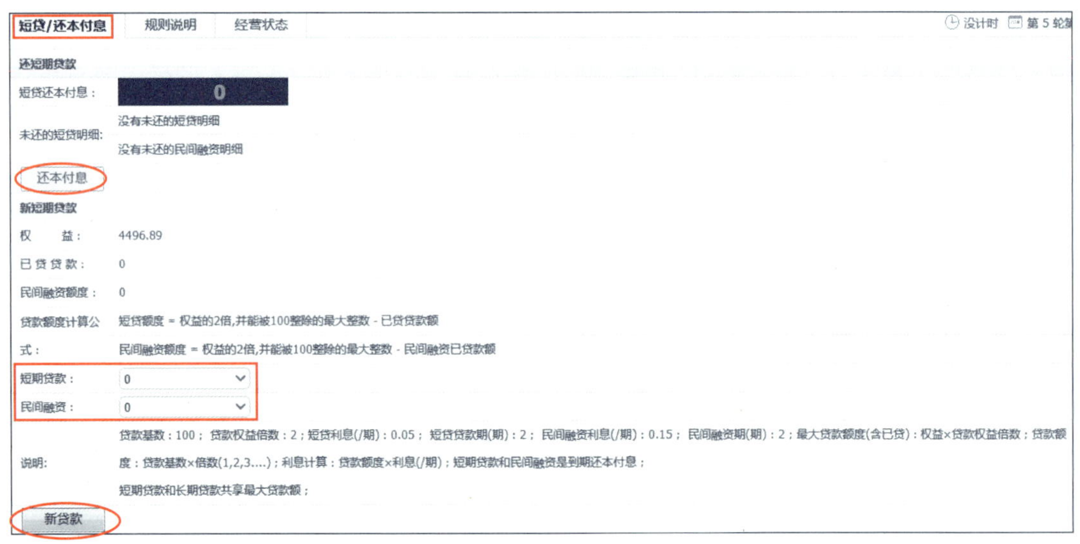

图 5-6　短贷 / 还本付息

（二）长贷 / 还本付息

网店运营推广高级实训系统每期期末需更新长期贷款账期，支付利息、还本付息或者获得新的贷款。

操作步骤：此部分的操作步骤在“财务模块”下的“长贷 / 还本付息”选项下进行，如图 5-7 所示。

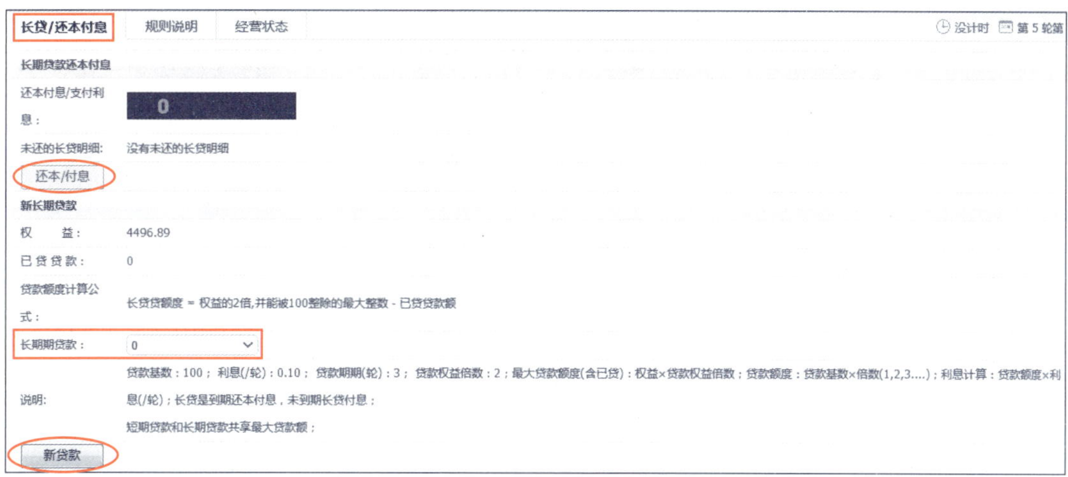

图 5-7　长贷 / 还本付息

三、费用管理

费用管理是指网店在期末需要支付员工工资，支付租赁费、维修费、售后服务费、库存管理费、行政管理费等相关费用，缴纳各种税款。

操作步骤：此部分操作在网店运营推广高级实训系统“财务”模块下的“支付相关费用”选项中进行，如图 5-8 所示。

支付相关费用　规则说明　经营状态

项目	金额
支付租赁费：	211
维修费：	16
售后服务费：	700.5
库存管理费：	47.2
行政管理费：	10

支　付

图 5-8　支付相关费用

四、缴税

缴税是根据国家相关税法的规定，按照一定的比例把一部分收入缴纳给国家，网店运营者需要根据运营实际预留相应的应纳税额，请计算各个税种的应纳税额并将其填入表 5-13 中。

5

表 5-13　各税种的应纳税额的计算

税种	税率	应纳税额

操作步骤：此部分操作在网店运营推广高级实训系统“财务”模块下的“缴税”选项，如图 5-9 所示。

图 5-9　缴税界面

任务思考

1. 企业因资金缺乏，借短期贷款为 800 元，请问当贷款到期后一共需还本付息支付多少钱？

2. 当期权益为 600 元，借民间融资为 800 元，短期贷款为 0 元，请问长期贷款可贷款额度为多少？

工作领域六
网店运营分析

思维导图

网店运营分析

财务分析方法
供应链数据分析方法
销售数据分析方法
竞争数据分析方法
运营报告撰写知识与方法

财务数据分析
- 现金流分析
- 成本分析
- 财务报表分析

供应链数据分析
- 采购数据分析
- 物流数据分析

销售数据分析
- 销售收入结构分析
- 销售评估

竞争数据分析
- 排行榜分析
- 企业信息分析

撰写运营报告

任务一　财务数据分析

任务目标

- 能够对现金流进行优化调整。
- 能够对财务报表进行优化调整。

任务背景

在“现金为王”的时代，支持网店长期、长远发展的不是利润，而是现金流，所以现金流控制是晓东将网店运营成功的关键。晓东现在首先需要做的是认识现金流，他要了解现金流由哪些部分组成以及如何规划现金流。

经过一段时间的努力，网店商品的销量一直比较好，现金流非常充足，晓东认为今年的利润应该较高，他在月度会上宣布年底给大家发年终奖，每人5万元。晓东打电话让财务准备钱，顺便问了今年的盈利如何，财务说今年的盈亏持平。晓东店长持怀疑态度，要亲自看看财务报表，看看钱都花在哪里了。

任务分析

进行现金流分析首先要收集与现金流相关的财务数据，包括现金流入数据和现金流出数据，然后针对收集到的不同时期的财务数据进行现金流入和现金流出指标分析，最终确定现金流为正。

进行财务报表分析的目的是开源节流，获得利润。首先需要识别利润表的科目构成，其次要熟悉税金及附加、销售费用、管理费用、财务费用的组成部分及计算方法。根据网店运营数据，优化资金分配，减少资金浪费。

任务操作

一、现金流分析

（一）资金规划

资金规划是做好资金的统筹管理，即通过安排资金和运用资金，在确保网店现金流充裕的情况下，实现资金效益最大化。网店运营的核心是开源节流，在运营初期，资金链比较紧张。根据网店经营要求，制订每个账期的短期计划。通过现金控制表，了解现金的流入和流出情况。

（二）现金流量表

现金流是网店运营的可支配资金，请将对现金的控制情况填入表6-1中。

6

表 6-1　现金控制表

账期	1-1	1-2	2-1
期初资金			
B 店筹划			
采购产品费用			
SEM 推广			
建筑维修费			
库存管理费			
采购保障金			
其他			
社会慈善			
网店装修费			
物流运费			
行政管理费			
支付工资			
租赁费			
站外推广费			
售后服务费			
短期借款及利息			
长期借款及利息			
城市建设税			
教育附加费			
应交税费			
增值税			
短期借款			
长期借款			
民间融资			
应收账款到期			
其他应收账款			

分析某一个账期内的借款行为及 SEM 推广费，并将分析结果分别填入表 6-2 和表 6-3 中。

表 6-2　某一个账期借款行为分析

项目	计划借款数	实际借款数	产生的原因
短期借款			
长期借款			
民间融资			

表 6-3　某一个账期 SEM 推广费

项目	计划推广费	实际消耗费	产生的原因
SEM 推广费			

二、成本分析

成本分析是对成本的事后控制，单品分析主要采用量本利分析法。

营业收入 = 利润 + 固定成本 + 可变成本

固定成本是指成本总额在一定时期和一定业务量范围内，不受业务量增减变动影响而能保持不变的成本。

可变成本是成本总额与业务量总数成正比增减变化的成本。

采用边际贡献法计算单位边际贡献值，完成表 6-4 的填写。

表 6-4　边际贡献法

账期	销售量	固定成本	利润目标	单位边际贡献值

注：单位边际贡献值是指销售收入减去变动成本后的余额。

根据表 6-5，判断单位销售量的单位边际贡献值。

表 6-5　第一期单品贡献度分析

单品	成本价格	成交价格	成交价格 - 成本价格	单位边际贡献值

注：成交价格指减去优惠后的实际成交价。订单中显示的成交价为优惠前金额。

三、财务报表分析

（一）利润表分析

1. 通过对“网店运营推广高级实训系统—经营分析—现金流量”进行分析以推算利润表

营业收入 =（商品标价 - 优惠额度 + 运费（买家））/1.13[①]

① 营业收入为含税金额时，税前金额则为含税金额除以（1+ 增值税税率）。此处增值税税率为 13%，那么税前金额的计算应为含税金额除以 1.13 得到。

营业成本 = 销售商品成本

税金及附加 = 城建税 + 教育费附加

销售费用 =SEM 推广费 + 站外推广费 + 实际运费（卖家）+ 售后服务费

管理费用 = 行政管理费 + 员工工资 + 库存管理费 +B 店筹建费 + 维修费 + 网店装修费 + 租赁费

财务费用 = 利息

需要缴纳的税费包括增值税、城建税、教育费附加和所得税。

分析网店利润情况，完成表 6–6 的填写。

表 6–6 利润表

项目明细	增减符号	1–2	2–2	3–2	4–2
营业收入	+				
营业成本	–				
税金及附加	–				
销售费用	–				
管理费用	–				
财务费用	–				
营业利润	=				
营业外收入	+				
营业外支出	–				
利润总额	=				
所得税费用	–				
净利润	=				

根据现金流量表，判断净利润的盈利能力。

2. 综合费用分摊得分分析

综合费用分摊主要判断网店运营过程中成本交易费用的高低。根据公式“综合费用分摊得分 =［1–（销售费用 + 管理费用）/ 营业收入］×100”可知，综合费用分摊得分越高，则成本交易费用越低；综合费用分摊得分越低，则交易成本越高。请将综合费用分摊情况填入表 6–7 中。

表 6–7 综合费用分摊表

账期	销售费用	管理费用	营业收入	得分计算
1–1				—
1–2				
2–1				—

续表

账期	销售费用	管理费用	营业收入	得分计算
2-2				
3-1				—
3-2				
4-1				—
4-2				

结合网店运营数据，判断不同账期成本分摊的差异性。

3. 净利润率得分分析

净利润率是反映网店盈利能力的一个指标，根据公式“净利润率得分 = 净利润 / 营业收入 ×100”可知，若净利润率得分低，说明网店盈利能力差；若净利润率得分高，说明网店盈利能力强。请将网店净利润率得分情况填入表 6-8 中。

表 6-8　净利润率得分表

账期	净利润	营业收入	得分计算
1-2			
2-2			
3-2			
4-2			
5-2			

结合网店数据，判断不同账期净利润率差异性。

4. 营业成本分摊得分分析

营业成本分摊是衡量营业成本效应的一个指标，若营业成本分摊得分低，说明网店采购成本高；若营业成本分摊得分高，说明网店采购成本低。请将营业成本分摊得分情况填入表 6-9 中。

表 6-9　营业成本分摊得分表

账期	营业成本	营业收入	得分计算

结合网店数据，判断不同账期净利润率差异性。

6

（二）资产负债表分析

1. 资产负债表

资产是网店可以支配的钱和物，负债顾名思义是外债，是在特定时期要偿还的资产；所有者权益既是网店拥有者获得的利益，也是衡量所有者具备贷款能力的标准。

通过对“网店运营推广高级实训系统—经营分析—财务报表分析”中的资产负债表的分析，填写表 6-10。

表 6-10　资产负债表

项目明细	增减符号	1-2	2-2	项目明细	增减符号	1-2	2-2
货币资金	+			短期借款	+		
其他应收款	+			应付账款	+		
应收账款到期	+			预收账款	+		
上期总资产	=			应交税费	+		
原材料	+			流动性负债	=		
在途物资	+			长期借款	+		
库存商品	+			非流动负债合计	+		
发出商品	+			负债合计	=		
存货	=			实收资本			
				未分配利润			
				所有者权益合计	=		
资产	=			负债 + 所有者权益	=		

根据资产负债表，确定影响所有者权益的因素。

2. 所有者权益对贷款额度影响

根据所有者权益对贷款额度进行测算，完成表 6-11 的填写。

表 6-11　贷款额度的测算

上一轮所有者权益	贷款类型	已有贷款额度	具备贷款额度

3. 资金周转率

资金周转率是资金流周转速度的体现，根据公式“资金周转率得分 = 营业收入 / 总资产 ×100%”可知，若资金周转率得分低，说明网店资金周转慢；若资金周转率得分高，说明网店资金周转快。请将资金周转率得分情况填入表 6-12 中。

表 6-12　资金周转率得分表

账期	营业收入	总资产	得分

任务思考

1. 降低销售费用有哪些途径？

2. 关于降低管理费用，你觉得还有哪些途径？

3. 进行还款期限控制是否合理？

4. 上期资金结余是否支持下期资金流出？

5. 结合各期的产品营业收入、产品绩效等，分析每期推广费是否合理，如何优化推广费用的使用？

6. 在网店运营第一期，固定成本投入达 100 元，利润目标为 200 元，单位边际贡献值为 10 元，那么在第一期需要卖出多少货才能达到保本盈亏点？

任务二　供应链数据分析

任务目标

- 能够对采购数据进行优化调整。
- 能够对物流数据进行优化调整。

任务背景

网店之间的竞争越来越激烈，获利难度也随之增加。晓东作为一家拥有较高信誉度店铺的店长，深深感受到供应链对于一家店铺运营的重要性。比如，“双 11”活动对供应链管理的要求非常高，主要体现在两个方面：一方面是网店的进货，另一方面是网店的出货，即采购和物流。

任务分析

供应链数据反映了网店在供货商、仓储配送中心、物流等方面的信息。通过对供应链数据的分析和优化，可以降低采购成本和库存，最终实现网店开源节流、获得利润的目的。

任务操作

一、采购数据分析

（一）品类动销率分析

动销品种数是指网店所有的商品种类中有销售的商品种类总数。仓库总品种数是指仓库中的总品类数。其中，品类动销率 =（动销品种数 / 仓库总品种数）× 100%，请将网店的品类动销率计算情况填入表 6-13 中。

表 6-13　品类动销率分析

账期	1-1	1-2	2-1	2-2	3-1	3-2	4-1	4-2
动销品种数								
仓库总品种数								
品类动销率								

通过对比分析对不同账期的品类动销率，判断商品运营的优良。

（二）商品动销率分析

动销单品数量是指网店所有的商品种类中有销售的单品数量。库存总单品数量是指仓库中的单品总数量。商品动销率 =（动销单品数量 / 库存总单品数量）× 100%，请将商品动销率的计算情况填入表 6–14 中。

表 6–14　商品动销率分析

账期	1–1	1–2	2–1	2–2	3–1	3–2	4–1	4–2
动销单品数量								
库存总单品数量								
商品动销率								

通过计算商品动销率，判断各时期单品销售程度以及库存程度，判断哪些商品是滞销品。

二、物流数据分析

物流数据分析是根据物流交易过程产生的数据进行分析，并对物流数据进行优化。

（一）物流订单管理

对单品物流单期订单数据进行分析，完成表 6–15 的填写。

表 6–15　单品物流单期订单数据分析

单品	缺货订单数	违约订单数	库存订单数	下期采购增减计划

（二）物流仓储管理

操作步骤 1： 在弹出的“历轮订单列表”窗口，根据分析需要可以参考选择“到达城市”“物流方式”“订单类型”“消费人群”和“时间”5 个按钮，如图 6–1 所示。

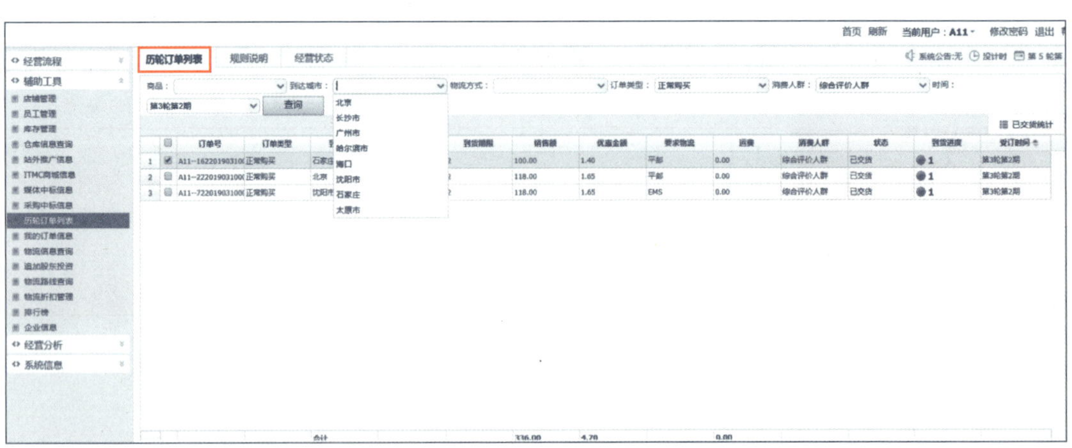

图 6–1　历史订单列表

根据历轮订单列表，查看不同城市历史成交额度，如图 6–2 所示。

首页 刷新

历轮订单列表　规则说明　经营状态

商品：　到达城市：北京　物流方式：　订单类型：　消费人群：　时间：第1轮第1期　查询

	订单号	订单类型	到达城市	客户名称	到货期限	销售额	优惠金额	要求物流	运费	消费人群	状态	到货进度	登订时间
1	A11--2122019031	正常购买	北京	长孙茜灶	1	238.00	0.95	平邮	0.00	注重低价人群	已交货	1	第1轮第1期
2	A11--2122019031	正常购买	北京	习毓清	2	238.00	0.95	快递	0.00	注重低价人群	已交货	1	第1轮第1期
3	A11--2122019031	正常购买	北京	贾乐星	2	238.00	0.95	EMS	0.00	注重低价人群	已交货	1	第1轮第1期
4	A11--2172019031	正常购买	北京	项俊逸	2	747.00	298.80	EMS	0.00	注重低价人群	已交货	1	第1轮第1期
5	A11--2172019031	正常购买	北京	国宝胜	2	747.00	298.80	平邮	0.00	注重低价人群	已交货	1	第1轮第1期
6	A11--2212019031	正常购买	北京	袁厚薇	2	344.40	8.61	快递	0.00	犹豫不定人群	已交货	1	第1轮第1期
7	A11--2212019031	正常购买	北京	华辰荷	2	328.00	8.20	EMS	0.00	犹豫不定人群	已交货	1	第1轮第1期
			合计			2880.40	617.26		0.00				

图 6–2　历史订单城市查询

根据以上资料，分析商品在不同城市市场订单量的分布，完成表 6–16 的填写。

表 6–16　商品在不同城市市场订单量分布

城市	第 1 轮 第 1 期	第 1 轮 第 2 期	第 2 轮 第 1 期	第 2 轮 第 2 期	第 3 轮 第 1 期	订单量求和	城市订单量 占有率
北京							
长沙							
广州							
哈尔滨							
海口							
沈阳							
石家庄							
太原							

操作步骤 2：在弹出的“物流线路查询”窗口，根据分析需要可以参考选择“商品”“发货城市”“目的城市”“物流方式”按钮（见图 6–3），根据分析要求进行路线筛选。

图 6–3　物流线路查询

根据图 6-3，判断不同城市的物流距离，完成表 6-17 的填写。物流距离越远，产生的物流费用越高，请将不同物流方式单位成本的计算情况填入表 6-18 中。

表 6-17 物流距离的判断

发货城市	目的城市	距离
石家庄	广州	
长沙	广州	

表 6-18 不同物流方式单位成本计算

物流方式	单位距离物流成本
EMS	
蚂蚁快递	
平邮	

操作步骤 3： 根据各城市营业收入比例、配送中心位置、配送距离和单位距离物流成本，核算现有配送中心发货的物流成本，将不同物流方式的成本计算情况填入表 6-19 中。

表 6-19 不同物流方式成本计算

城市	EMS	蚂蚁快递	平邮	总物流成本
北京				
长沙				
广州				
哈尔滨				
海口				
沈阳				
石家庄				
太原				

注：不考虑配送折扣带来的成本影响。

任务思考

1. 若出现违约单，请分析此类情况出现的原因。

____

____

____

2. 根据不同城市的总物流成本，判断是否需要进行仓储中心优化，是否需要进行分仓处理。

____

____

____

3. 在 1 轮经营过后，项链缺货较多，请分析造成缺货的原因。

____

____

____

4. 在 2 轮经营后，项链出现违约订单，违约订单如何处理？

____

____

____

任务三　销售数据分析

任务目标

- 能够从商品、推广渠道、运营周期、市场占有率等维度分析销售数据，并对网店运营过程中出现的问题进行分析。
- 能够对销售数据进行诊断分析，并提出合理化的建议。

任务背景

通过对上一季度与本季度的销售数据的对比分析，晓东发现店铺整体销量下降明显，需要进一步分析出销售总额比上一个季度环比下降的具体原因。

任务分析

从商品、推广渠道、运营周期、市场占有率等维度分析销售数据，并对网店运营过程中出现的问题进行分析；对销售数据进行诊断分析，提出合理化建议。

不同人群成交分析

任务操作

一、销售收入结构分析

销售收入是指网店通过商品销售所获得的货币收入。销售收入结构分析是指从销售收入的渠道来源、人群来源、市场占有率等维度进行销售数据分析。

操作步骤 1：在弹出的“历轮订单列表”窗口，根据需要可以选择“商品”“到达城市”“物流方式”“订单类型”“消费人群”“时间”6 个维度进行分析，如图 6–4 所示。

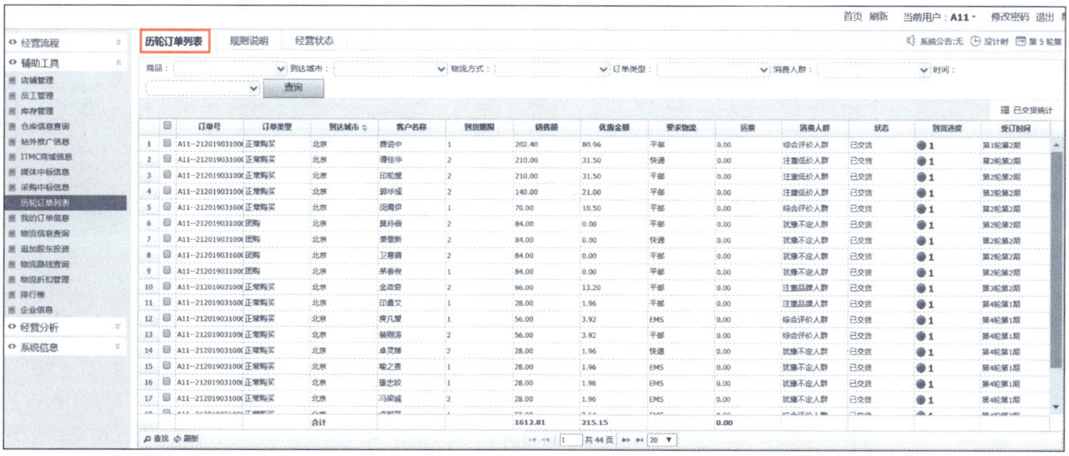

图 6–4　历轮物流订单查询

根据“历轮订单列表”，按照“订单类型”对成交订单进行分析。判断不同推广渠道的成交频次和成交金额，完成表 6–20 的填写。

表 6–20　不同推广渠道的成交频次和成交金额分析

账期	正常购买	套餐订单	秒杀	团购

根据表 6–20 判断哪种推广渠道带来的成交频次高，分析成交频次较低的渠道是什么原因造成的。对不同推广渠道的 SKU 进行分析，完成表 6–21 的填写。

表 6–21　不同推广渠道的 SKU 分析

账期	正常购买	套餐订单	秒杀	团购

根据表 6–21 可以判断不同渠道 SKU 数的高低吗？

操作步骤 2：在弹出的“历轮订单列表”窗口中，根据分析需要可以选择“商品”“到达城市”“物流方式”“订单类型”“消费人群”“时间”维度进行分析，如图 6–5 所示。

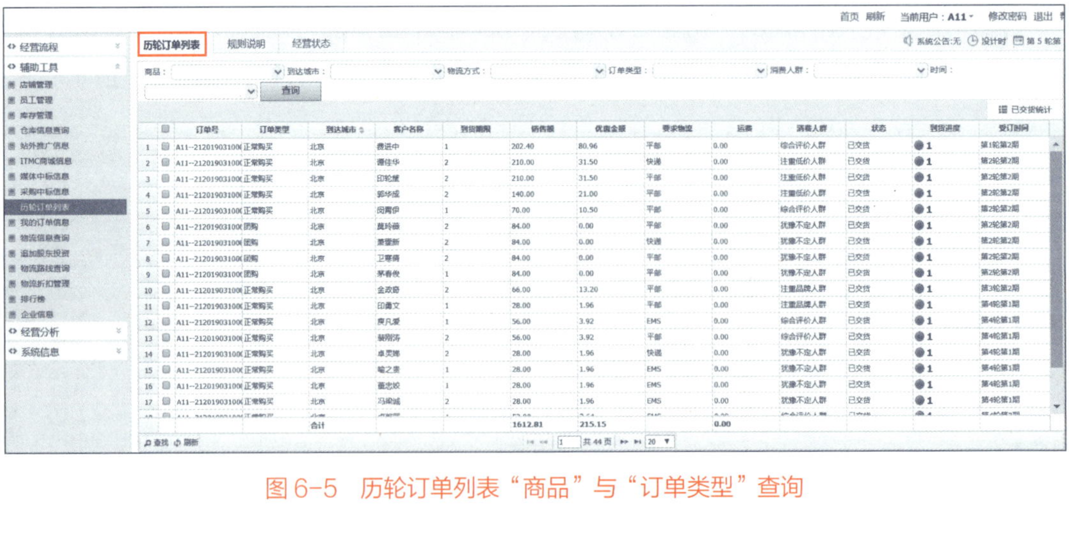

图 6–5　历轮订单列表“商品”与“订单类型”查询

根据“历轮订单列表”，按照“商品”对消费人群进行分析，统计商品的订单类型数量和成交金额。对商品的推广渠道的成交频率进行分析，完成表 6–22 的填写。

表 6-22　商品的推广渠道的成交频率分析

商品	品牌人群	综合人群	低价人群	犹豫不定人群

二、销售评估

销售评估的目的是对销售过程中的各项数据进行诊断分析，并提出合理的优化建议。

操作步骤 1：单击“经营流程”，查看“商品发布”和“SEM 管理”，如图 6-6 和图 6-7 所示。

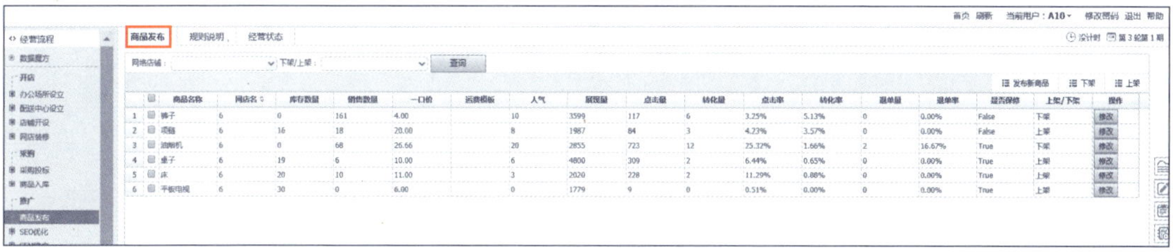

图 6-6　商品营销推广信息

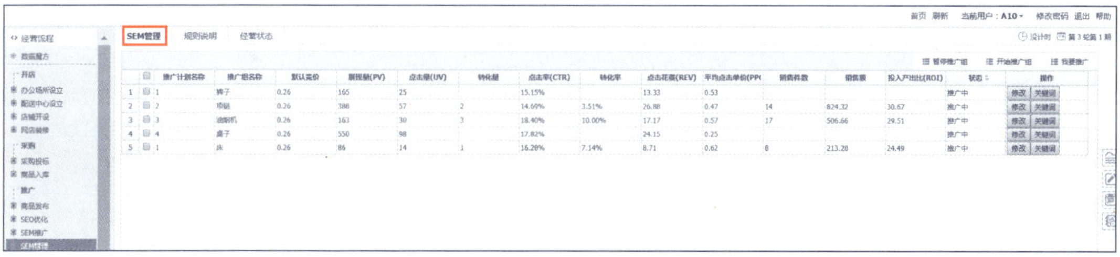

图 6-7　商品付费推广信息

操作步骤 2：单击“企业信息”，查看“商品评价”和“商品绩效”信息，如图 6-8 所示。

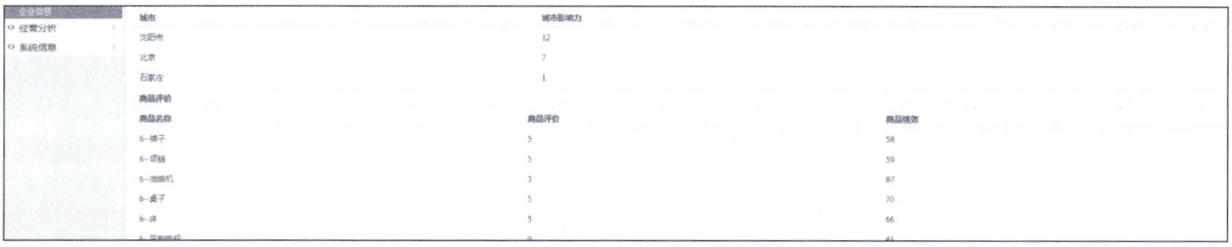

图 6-8　商品绩效信息

记录每一账期的商品点击量、商品转化量、商品转化率、商品绩效、SEM 费用情况，完成表 6-23 的填写。

6

表 6-23　某商品引流转化效果评价表

账期	商品点击量	商品转化量	商品转化率	商品绩效	SEM 费用

对相邻账期的各项指标进行对比分析和环比分析，根据差异分析原因。

任务思考

本期商品绩效分是 100，下期该商品应该如何设计引流计划？

____

____

____

■ 任务四　竞争数据分析

任务目标

- 能够从排行榜、企业信誉度、商品城市均价、城市影响力、商品绩效等维度进行竞争力分析。
- 能够通过竞争数据分析，诊断网店运营过程问题，并提出合理化的建议。

任务背景

“知己知彼，百战不殆”。对于网店运营人员来说，对竞争对手的分析是非常重要的，只有做好竞争对手的分析，了解对方的优势和弱点，才能制定更好的推广方案。那么，网店怎么做好竞争对手的数据分析呢?

任务分析

从排行榜、企业信誉度、商品城市均价、城市影响力、商品绩效等维度进行竞争力分析，诊断网店运营过程中存在的问题，并提出合理化建议。

任务操作

一、排行榜分析

操作步骤：在辅助工具中，弹出“排行榜”对话窗口，根据分析需要选择“得分排名”（见图 6-9）、“净利润排名”“资产总计排名”“总慈善排名”4 个按钮，并进行竞争性分析。

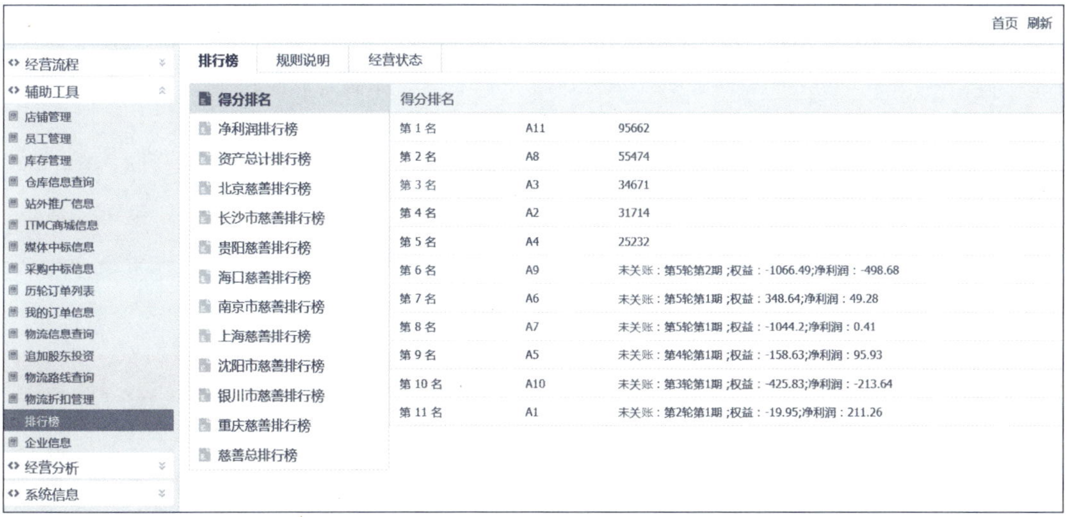

图 6-9　排行榜信息

根据图 6-9 的排行榜信息，填写竞争者信息分析表（见表 6-24），并判断竞争对手的优劣势。

表 6-24　竞争者信息分析表

竞争对手	净利润排名	总资产排名	资产收益率

根据表 6-24，计算各个竞争者的资产净利润率或者资产收益率。根据资产收益率判断网店的竞争力。请将对竞争者信息的分析情况填入表 6-25 和表 6-26 中。

表 6-25　竞争者信息分析表 1

竞争对手	得分排名	竞争对手一自身得分	权益增减量

表 6-26　竞争者信息分析表 2

竞争对手	慈善投入	慈善占比

续表

竞争对手	慈善投入	慈善占比

二、企业信息分析

（一）综合评价指数计算

操作步骤：在辅助工具中，弹出“企业信息”对话窗口，根据分析需要选择“企业基本信息”“商品城市均价”等按钮（见图 6-10），并进行竞争性分析。先判断某一轮的综合评价指数，然后计算综合人群的成交指数，最后预测下期的综合人群成交占比。

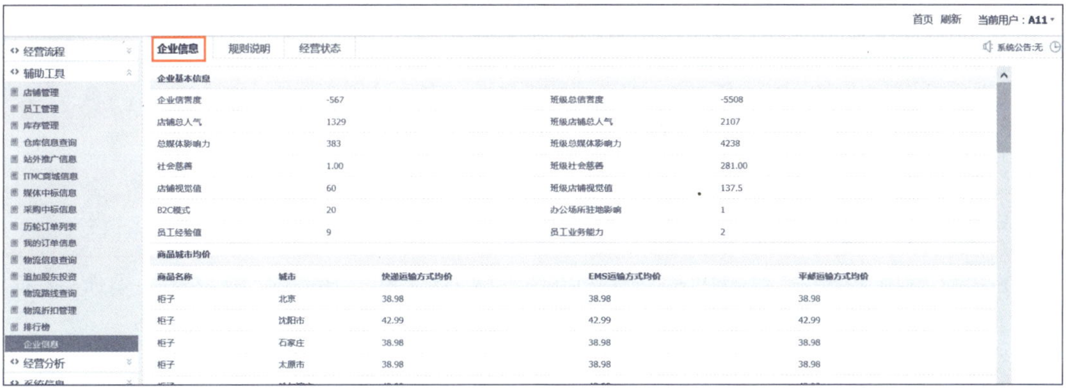

图 6-10　企业信息

根据图 6-10 中的企业信息，填写综合评价指数分析表（见表 6-27），判断网店的竞争优劣。

表 6-27　综合评价指数分析表

项目	得 分	备注
企业信誉度		
店铺总人气		
总媒体影响力		
社会慈善		

续表

项目	得分	备注
店铺视觉值		
B2C 模式		
员工经验值		
员工业务能力		
所在城市影响力		
卖家 B 店开设情况		
综合评价指数得分		

注：综合评价指数 = 卖家企业信誉度 / 整个市场总企业信誉度 ×100 + 卖家店铺总人气 / 整个市场店铺总人气 ×100 + 卖家企业总的媒体影响力 / 整个市场总媒体影响力 ×100 + 卖家社会慈善 / 整个市场社会总慈善 ×100 + 卖家店铺视觉值 / 整个市场店铺总视觉值 ×100 + 卖家 B 店开设情况（完成为 20，未完成为 0）+ 卖家办公场所所在城市影响力 + 卖家员工经验值 + 卖家员工业务能力。

（二）综合人群成交指数计算

假设自身店铺符合综合人群的成交规则，进行单品综合成交人群分析，请将分析结果填入表 6–28 中。

表 6–28　单品的综合成交人群分析表

项目	得分	备注
综合评价指数		
商品城市均价		
商品评价		
城市影响力		
综合人群成交指数得分		

注：综合人群成交指数 =（综合评价指数 / 整个市场综合评价指数之和）×60+ 商品均价 /（商品一口价 + 商品均价）×10+ 商品评价 / 符合要求的卖家商品评价之和 ×20+ 城市影响力 / 符合要求的卖家城市影响力之和 ×10。

（三）品牌人群成交指数

进行品牌人群成交分析，请将结果填入表 6–29 中。

表 6–29　品牌人群成交指数

项目	得分	备注
媒体影响力		
商品城市均价		
商品评价		
城市影响力		
品牌人群成交指数得分		

注：品牌人群成交指数 =（媒体影响力 / 市场总媒体影响力）×60 + 商品均价 /（商品一口价 + 商品均价）×10 + 商品评价 / 符合要求的卖家商品评价 ×20 + 城市影响力 / 符合要求的卖家城市影响力 ×10。

任务思考

1. 请判断慈善因素在网店运营前期、中期、后期的影响程度。

2. 请判断自身店铺总媒体影响力、店铺总人气等是否达到市场平均水平。

任务五　撰写运营报告

任务目标

- 能够从行业数据、市场容量、采购分析、运营推广、供应链管理、财务报表等维度对网店进行全面分析，诊断网店运营过程中的问题，并提出合理化建议。
- 能够通过报告撰写，掌握网店运营报告的一般写法。

任务背景

虽然晓东是一名出色的网店店长，懂得如何进行网店运营，但是写作能力太差，每一次的总结报告都写不好，他需要撰写网店运营报告，以便将运营中的宝贵经验总结起来，这些经验对于优化运营策略至关重要。

任务分析

能够从行业数据、市场容量、采购指标、运营推广、供应链管理、财务报表等维度进行竞争力分析，撰写网店运营数据分析报告。

任务操作

根据每一轮的运营数据，进行描述性分析，判断本期的运营状况。根据每一期运行状况，与事前计划进行对比分析，并进行网店诊断，撰写运营分析报告，请将相关信息填入表 6-30 中。

表 6-30　运营分析报告

模块	要素分析	描述
行业分析	市场分析	
	竞争者分析	
	目标人群	
网店概述	网店名称	
	主营产品	
	网店定位	
	运营策略	
	视觉风格	
	办公场所	
	员工配置	
	仓储中心	

续表

模块	要素分析	描述
商品规划	商品采购	
	商品入库	
	商品发布	
推广策略	SEO 推广	
	SEM 推广	
	站外推广	
营销转化	推广活动	
	客户服务	
	仓储管理	
物流管理	订单发放	
	物流选择	
	货物出库	
	货物签收	
核心指标分析	财务报表分析	
	供应链分析	
	销售数据分析	
	竞争数据分析	
综合分析		

注：综合分析是指基于以上数据，综合诊断网店运营过程的问题。例如，是流量引入问题还是转化问题，并对问题进行深入阐述。

郑重声明

高等教育出版社依法对本书享有专有出版权。任何未经许可的复制、销售行为均违反《中华人民共和国著作权法》，其行为人将承担相应的民事责任和行政责任；构成犯罪的，将被依法追究刑事责任。为了维护市场秩序，保护读者的合法权益，避免读者误用盗版书造成不良后果，我社将配合行政执法部门和司法机关对违法犯罪的单位和个人进行严厉打击。社会各界人士如发现上述侵权行为，希望及时举报，我社将奖励举报有功人员。

反盗版举报电话　(010) 58581999　58582371

反盗版举报邮箱　dd@hep.com.cn

通信地址　北京市西城区德外大街 4 号

高等教育出版社知识产权与法律事务部

邮政编码　100120

读者意见反馈

为收集对教材的意见建议，进一步完善教材编写并做好服务工作，读者可将对本教材的意见建议通过如下渠道反馈至我社。

咨询电话　400-810-0598

反馈邮箱　gjdzfwb@pub.hep.cn

通信地址　北京市朝阳区惠新东街 4 号富盛大厦 1 座

高等教育出版社总编辑办公室

邮政编码　100029

防伪查询说明

用户购书后刮开封底防伪涂层，使用手机微信等软件扫描二维码，会跳转至防伪查询网页，获得所购图书详细信息。

防伪客服电话　(010) 58582300

网络增值服务使用说明

授课教师如需获取本书配套教辅资源，请登录“高等教育出版社产品信息检索系统”（xuanshu.hep.com.cn），搜索本书并下载资源。首次使用本系统的用户，请先注册并完成教师资格认证。

高教社高职电子商务专业教师交流及资源服务QQ群：218668588